K리그를
읽는 시간
2

K리그를 읽는 시간 2

우리 곁의 스타들

김형준 · 오지혜 지음

북콤마

팬들이 두고두고 읽을 만한 인터뷰와 숨은 사연

2020년 3월 〈K리그를 읽는 시간 1〉을 펴낼 때만 해도 두 번째 책이 나올 거라는 생각은 하지 못했다. K리그 얘기를 담은 책이 과연 팔릴지, 팔린다면 얼마나 팔릴지, 괜히 K리그라는 콘텐츠를 출판 시장에 내놨다가 망신만 당하는 게 아닐지, 출판사들이 K리그 얘기를 담은 책 출간을 피하면 어쩌나, 설렘보다 걱정이 컸던 게 사실이다.

감사하게도 처음 찍어낸 책이 금세 다 팔리고, 2쇄를 찍었을 땐 영광스럽게도 세종도서 교양부문에 선정됐다. 이동 약자, 경기장 내 쓰레기 처리, 팬들은 물론 단장들을 대상으로 한 설문 조사 결과 등 발로 뛰어가며 쓴 내용들은 현장에 전달됐고, 그사이 책에서 다뤄진 내용을 토대로 크고 작은 변화도 이어졌다.

서울월드컵경기장의 장애인석 출입구에 쌓여 있던 대형마트

적재물이 치워졌고, 출입구 부근엔 전동휠체어 충전 시설이 들어섰다. 한국프로축구연맹은 '모두의 K리그'라는 슬로건 아래 이동 약자 지도를 만들었다. 보편적 접근권이 확보된 셈이다. 많은 구단이 소수자들을 살피기 시작한 점도 의미 있는 변화다. 기자로 살아가고 있는 저자들에게도 이 같은 변화는 보람이자 감격이었다.

1년 사이 K리그엔 수많은 스타들이 돌아왔다. '블루 드래곤' 이청용과 '마스터키' 기성용은 물론, 2002년 한일 월드컵의 주역인 박지성, 이영표, 홍명보, 이민성, 송종국 등 오랜 축구 팬들의 눈길을 사로잡을 인물들이 행정가와 지도자로 변신해 대거 발을 들였다. 또 김기동 감독과 송민규 등 그간 비주류로 여겨진 이들이 스타로 거듭나며 축구계 새로운 성공 시대 스토리를 썼다.

우리는 그들을 만나 많은 걸 묻고, 듣고, 기록했다. 비록 코로나19 확산으로 K리그에 불어오던 흥행 열기는 잠시 멈춰 섰지만, 팬들과 마음 놓고 다시 만날 그날을 위한 수많은 약속들도 전했다. K리그가 멈춰 섰던 시기엔 구단에서 오랜 시간 일해온 스태프들의 사연을 담은 숨은 장인들의 이야기도 써봤다. 한 번만 유통될 내용이 아닌, 팬들이 두고두고 찾아볼 만한 인터뷰를 쓰자고 다짐하며 실천한 것이 2021년 시즌 개막 즈음 두 번째 책 출간으로 이어졌다.

첫 번째 책 판매로 2020년 한 해 동안 쌓인 수익은 모두 대한축구협회 축구사랑나눔재단에 기부했다. 한국프로축구연맹과 구단, 한국일보 내 여러 구성원의 도움을 받아 완성된 책인 데다, 무엇보다 축구 팬들이 쓴 돈이 더 의미 있게 순환되기 바라는 마음에서다. 앞으로 생길 저자 몫의 수익도 의미 있는 곳에 사용하기로 뜻을 모았다.

취재를 주문하고 기사의 부족함을 지적해주신 이성철, 이태규 전 편집국장과 이영태 편집국장, 그리고 이성원 문화스포츠부장께 감사 인사를 전한다. 콘텐츠의 완성도와 가독성, 효과적인 정보 전달을 위해 애쓴 한국일보 편집부와 그래픽뉴스부, 멀티미디어부에도 감사 인사를 드린다. 〈K리그를 읽는 시간 1〉을 시작으로 스포츠 도서에 많은 관심을 가져준 북콤마에도 복 받으시고, 성공하실 거라는 덕담을 건넨다.

끝으로 2020년 말 스포츠부를 떠나 사회부에 가서도 스포츠계 학교 폭력과 부조리를 더 날카롭게 짚어내고 있는 공동 저자 오지혜 기자, 또 사회부에서 스포츠부로 합류한 뒤 현장을 누비며 쓴 글들을 이번 도서에 보태준 최동순 기자에게 고마움을 전한다.

2021년 3월
K리그를 읽는 두 번째 시간을 맞아 김형준이 쓰다

차례

1부

K리그 스타

이동국, 별 8개 달고 전설로 남다

마지막까지 발리슛 투지

이동국은 "마지막까지 골이 기대되는 선수로 남고 싶다"던 다짐을 지켜내며 굴곡 많았던 현역 생활을 마무리했다. 2020년 11월 1일, 자신의 은퇴 경기이자 팀의 우승이 걸린 경기에서 선발로 출전해 풀타임을 소화했다. 위협적인 플레이를 펼친 이동국은 마침내 전북 현대모터스와 자신의 통산 8번째 우승이자 K리그1 4연패 신화를 손수 썼다. 경기가 끝난 뒤 경기장을 가득 메운 1만 251명의 관중은 코로나19 방역 지침상 내지를 수 없는 환호 대신 뜨거운 박수와 눈물로 '선수 이동국'을 떠나보내며 그의 축구 인생 2막을 응원했다.

전북 현대모터스는 이날 2020년 시즌 최종전에서 대구FC에 2대 0 승리를 거두고 가슴에 8번째 별을 달았다. 조제 모라이스 감독은 "몸보다는 정신이 약해져 떠난다"며 나흘 전 은퇴 기자회견을 열었던 이동국을 선발 명단에 집어넣었다. 그만큼 이동국의 몸 상태에 자신이 있었다는 얘기다. 이동국은 은퇴 발표가 아까울 정도로 끝까지 열심히, 그리고 잘 뛰었다. 전반 12분 페널티 박스 내 왼쪽에서 자신의 전매특허인 발리슛을 선보이며 승점 3점을 향해 투지를 불살랐다. 등번호 20번을 달고 뛰는 이동국을 위해, 모든 관중은 전반 20분에 자리에서 일어나 2분 동안 오직 한 사람을 위한 박수를 보냈다. 힘을 받은 이동국은 현역 마지막 경기라는 게 믿기 어려울 만큼 대구FC의 수비를 부지런히 휘저었다.

불혹을 넘긴 이동국이 휘저으니 동생들도 게을리 뛸 수 없다. 큰 키와 골 결정력이 이동국과 닮은꼴인 조규성이 마치 왕위 계승식을 하겠다는 듯 2골을 몰아 넣으며 일찌감치 승기를 잡았다. 조규성은 전반 26분 페널티 박스 왼쪽에서 날아온 최철순의 크로스를 중앙에서 정확한 헤딩골로 연결했고, 전반 29분엔 상대 수비 선수에 맞고 나온 공을 페널티 박스 정면 안쪽에서 오른발로 차 넣었다.

이동국은 자신의 현역 마지막 경기에서 마지막 휘슬이 울릴 때까지 계속 득점을 노렸다. 후반 19분과 24분에도 페널티 박스 정면 바깥쪽과 안쪽에서 위협적인 왼발 슛으로 대구FC의 골문을 위협했고, 그때마다 관중들은 아낌없는 박수를 보냈다. 이동국은 은퇴전에서 팀이 기록한 14개 슈팅 가운데 가장 많은 4개를 쐈다. 게다가 그 4개 슈팅은 모두 유효 슈팅이었다.

경기 후에 열린 은퇴식에서 이동국은 끝내 눈물을 흘렸다. 그는 "오늘 경기장에 등번호 20번이 적힌 유니폼들이 너무 많이 보

2020년 11월 1일 전주월드컵경기장 내 기자회견장에 설치된 이동국 활약상. **사진** 김형준

여서 감격스러웠다"며 한동안 말을 잇지 못했다. 끝으로 감사 인
사와 당부의 말을 전했다. "전북 현대모터스에 와 얻은 게 많은 것
같다. 잘할 때나 못할 때나 등 뒤에서 내 편이 돼 응원해준 여러분
께 감사하다. 나는 없지만 선수들을 뒤에서 항상 응원하고 힘을
불어넣어주었으면 좋겠다." 구단은 이날 이동국의 등번호 20번을
영구결번으로 하기로 했다. 선수 등번호 결번은 팀이 창단되고 최
초의 일이다.

전북 현대모터스 클럽하우스
세탁·미화 담당 직원이 본 이동국의 12년

2009년 1월 전북 현대모터스의 클럽하우스가 술렁였다. 당시
선수들은 제주로 동계 전지훈련을 떠나 있었는데, 소문만 돌던 톱

스타의 입단 소식이 전해지자 직원들은 좀처럼 흥분을 감추지 못했다. 당시 구단엔 최진철과 조재진 같은 걸출한 선수들이 있었지만 아이돌급 인기의 스타플레이어는 처음이었다. "그가 정말 오는구나!"

이때만 해도 전북 현대모터스 선수들은 국내 최고 시설을 갖춘 데다 웅장하기까지 한 현재의 클럽하우스가 아닌, 현대자동차 직원 숙소의 한 층을 빌려 생활했다. 그런 시절 들려온 '라이온 킹' 이동국 입단 소식은 직원들에게 크나큰 뉴스였다. 2006년부터 전북 현대모터스 숙소에서 세탁과 미화를 담당해온 직원 임진욱 씨는 그때의 감흥을 묻자 이렇게 말했다. "한동안 어딜 가든 어깨가 으쓱했어요. 어릴 적부터 이동국 선수를 좋아하던 딸도 뛸 듯이 기뻐했고요. 그렇게 큰 선수와 함께 일하고 있다는 게 우리 직원들에게도 큰 자부심이었죠."

이동국은 입단하고 첫해에 전북 현대모터스 창단 이래 첫 번째인 우승을 확실히 이끌었다. 32경기에 출전해 22득점을 올리며 득점왕 트로피에 입을 맞췄다. 그가 한 시즌에 20골 넘게 넣은 건 데뷔하고 그해가 처음이었다. 이때까지 이동국은 2002년 한일 월드컵 당시 엔트리에 탈락하고, 2006년 독일 월드컵 직전에 십자인대가 파열되는 부상을 당하며, 2007년엔 영국 프리미어리그에 진출했지만 혹평만 받다 국내로 돌아오는 등 굴곡진 축구 인생을 살아왔다. 그에게 2009년은 축구 인생의 터닝 포인트였던 셈이다.

나이로는 열다섯 살 위이던 임씨는 이동국의 부활이 마치 자

이동국의 뒷모습. **사진** 한국프로축구연맹

기 가족 일처럼 반가웠다. '인간 이동국'의 부활을 한 발 떨어져
지켜보는 게 일터에서의 큰 행복이자 자부심이었다. 다른 직원들
도 이동국을 우직한 소나무 같은 존재로 여긴다. 임씨는 "이동국
은 시간이 흐를수록 존경심이 더 커지는 선수였다"고 단언했다.
이유는 크게 두 가지, 인성과 철저한 자기 관리였다.

임씨는 "이동국은 선수단 뒷바라지를 하는 클럽하우스 스태프
들을 한 번도 낮춰보지 않았다"고 했다. 좀 더 솔직한 마음을 터놓
은 그는 "선수들이 우리 같은 사람을 하찮게 여기기 쉽지만, 전북
현대모터스에 그런 선수는 없었다"고 말했다. 이동국을 포함한 고
참 선수들이 모범을 보이니 함께 생활하는 어린 선수들도 자연히
따라온 것 아니냐는 게 그의 얘기다.

자기 관리는 이동국이 41세까지 현역 생활을 유지한 비결이
다. 1998년 프랑스 월드컵 이후 연속 두 대회를 거르고 2010년

1990년대 말 팬들에게 둘러싸인 이동국의 모습. **사진** 한국일보

남아프리카공화국 월드컵 무대에 어렵게 섰을 때다. 1대 2로 뒤
지던 우루과이와의 16강전 후반 42분, 지금은 '전설의 물회오리
슛'으로 회자되는 실책성 슈팅으로 온 국민의 비판 대상이 된 적
이 있다. 임씨는 당시 월드컵을 마치고 돌아온 이동국을 기억한
다. 선수 본인의 속은 한동안 펄펄 끓었을 게 뻔한데 소속 팀에 와
서는 전혀 내색하지 않는 우직한 모습을 보며 '정말 큰 선수'라 생
각했다.

　그런 이동국이 그라운드를 떠나던 2020년 11월 1일, 임씨도
전주월드컵경기장 한구석에 자리 잡았다. 통산 845번째 경기이
자 현역 마지막 경기에 선발 출전한 이동국은 전성기 못지않은
기량을 펼치며 전북 현대모터스에 8번째 별을 새겨주고 선수 생
활을 마무리했다. 경기장을 돌며 1만여 관중들에게 인사하는 이
동국을 지켜본 임씨는 눈물과 콧물, 빗물이 범벅 된 얼굴로 '선수

이동국'과 작별했다. "언젠가는 떠나리라 생각했지만 현실이 되니 이 감정을 말로 표현하기 어렵네요. 함께한 12년, 영광이었어요."

홍명보 울산 현대 감독
"2002년 멤버 K리그 입성, 팬들에게 보답할 기회"

2002년 한일 월드컵에서 한국 대표팀 주장을 맡아 4강 신화를 이끈 홍명보가 2021년 시즌 울산 현대의 사령탑으로 K리그 무대에 돌아왔다. 1992년 포항(포항제철 아톰즈)에서 선수로 프로 무대에 데뷔한 지 29년 만에 감독으로 K리거 인생 2막을 연 셈이다. 2020년부터 K리그 무대에서 자신의 지도 철학을 펼치고 있는 김남일(성남FC)과 설기현(경남FC), 그리고 2021년부터 대전 하나 시티즌과 전북 현대모터스에서 각각 감독과 골키퍼코치로 새롭게 출발하는 이민성, 이운재 등 2002년 멤버들과 함께 K리그 흥행에 불을 지필 예정이다.

2021년엔 또 '초롱이' 이영표가 강원FC 대표이사를 맡아 행정가로 새 출발하고, '산소탱크' 박지성은 전북 현대모터스 클럽 어드바이저로 위촉되면서 '2002년 레전드'들의 귀환으로 기대를 부

풀리고 있다. 울산 현대의 전지훈련지인 경남 통영에서 만난 홍감독은 "2002년 월드컵 무대를 통해 해외에 진출하고 본인의 명예도 쌓은 선수들이 K리그를 위해 현장에서든 행정에서든 질적으로 발전시킬 수 있다면 정말 좋은 일"이라면서 "나 역시도 현장으로 돌아와 팀이나 리그 전체가 좀 더 조명받는 기회를 만든 것 같아 기쁘다"고 밝혔다.

메이저리그사커의 LA 갤럭시에서 2004년 현역 생활을 마친 그는 이듬해 국가대표팀 코치로 지도자 생활을 시작했다. 2008년 베이징 올림픽 대표팀 코치를 거쳐 첫 지휘봉을 잡은 2012년 런던 올림픽 무대에선 한국 축구 역사상 첫 동메달의 쾌거를 이뤘다. 2010년 광저우 아시안게임, 2014년 브라질 월드컵에서도 사령탑을 지냈고, 이후에는 한국을 떠나 중국 프로축구팀 감독으로 활동했다. 2017년 11월부터 2020년까지는 대한축구협회 전무를 맡아 행정가로도 활약했다.

이제 K리그 강호인 울산 현대를 이끌게 된 그는 "국가대표팀의 경우 단기간에 많은 문제를 해결해야 하지만, 프로팀은 긴 호흡으로 고민하고 많은 이와 충분히 문제를 공유해가며 해결할 수 있다"며 전직들과 비교해 장점을 들었다. "또 행정을 할 땐 이따금씩 사회나 축구계 전체를 향한 메시지를 누군가를 거쳐 전달했다면, 이젠 우리 팀, 울산 현대 팬들과 직접 소통할 기회를 얻었다."

홍감독은 "K리그의 경쟁력은 젊은 선수들의 약진"에 있다고 했다. 그러면서 한국이 아시아축구연맹 챔피언스리그에서 막강한 자금을 투입했던 중국, 일본에 밀리지 않는 저력으로 "유소년을 성장시키는 노하우가 생긴 점"을 꼽았다. "나 또한 울산 현대에 있는 유소년 선수들을 어떻게 성장시킬지에 대해 고민할 것이다." 또 "최근 수년 사이 지도자의 연령층이 눈에 띄게 낮아진 데 따른 변화로 지도자와 선수 간의 소통이 원활해졌다는 점은 큰 강점"이라고 밝혔다. "소통은 사회적 이슈이기도 한데 나 역시 지도자 생활을 시작한 이후 선수들과의 소통을 우선시해왔다."

홍감독은 현역 시절 국내 클럽 가운데 유일하게 몸담았던 포항 스틸러스와 이제는 라이벌전인 동해안 더비를 펼쳐야 하는 얄궃은 운명도 맞았다. 포항 스틸야드의 원정 벤치석에 앉게 될 그는 "현역 때는 스틸야드에서 상대팀이 아무것도 못 하고 간 기억이 많았는데, 내가 그 상대편이 됐다"며 친정 팀과의 매치를 그려보기도 했다. "원정팀 벤치 맞은편엔 해병대가 앉아 응원하는데 그분들 앞에 앉아 있어야 한다니 기분이 묘할 것 같기는 하다." 홍감독은 "3년의 계약 기간 동안 젊고 균형 잡힌 팀으로 만들고 우승에 대한 갈증도 확실히 풀고 싶다"고 다짐했다.

홍감독은 감독 취임 기자회견에서 2020년 우승팀이자 울산 현대의 최대 라이벌로 꼽히는 전북 현대모터스에 대한 언급도 빼놓지 않았다. 울산 현대는 2020년 K리그1과 FA컵에서 모두 전북 현대모터스에 패해 준우승에 그쳤다. K리그1에서의 세 차례 맞대결에서도 모두 졌다.

홍감독은 "2020년 시즌 울산 현대는 전체적으로는 적게 지고 득점력에서도 앞섰지만, 전북 현대모터스와의 맞대결에서 지면서 결과적으로 우승을 놓쳤다. 전북 현대모터스와의 경기는 '승점

홍명보 울산 현대 감독이 2021년 1월 동계 전지훈련지인 경남 통영 산청스포츠타운에서 포즈를 취하고 있다. **사진** 김형준

6점'이 걸린 경기로 봐야 한다"고 강조했다. 보통 경기에서 승리를 하면 승점 3점이 주어진다. 라이벌이자 디펜딩 챔피언 전북 현대모터스와의 경기는 그만큼 중요하다는 표현이다. 그는 "전북 현대모터스와의 경기에서 이기지 못하면 우승하지 못한다. 경쟁하는 팀에 절대 지지 않는다는 각오로 첫 경기부터 임하겠다"라며 거듭 '타도 전북'을 외쳤다.

우승을 위해선 '위닝 멘탈리티'(이기고자 하는 마음)가 중요하다는 점도 강조했다. 그는 "승부처에서 얼마만큼 자신감과 일치된 목표를 갖느냐가 중요하다. 위닝 멘탈리티를 이 순간부터 선수들과 함께 만들어가겠다"고 말했다. '화끈한 공격형 축구'를 보여주겠다는 약속도 했다. 홍감독은 과거 대표팀 감독 시절 수비를 강조하는 4-2-3-1 포메이션을 자주 썼다. 이에 대해 홍감독은 "대표팀은 항상 강한 상대랑 단판 경기를 해야 해서 안정적이고 수비적으로 경기할 수밖에 없었다. 이와 달리 클럽은 훈련하고 소통할 시간이 충분하니 좀 더 공격적이고 화끈한 경기를 할 수 있을 것"이라고 설명했다.

김상식 전북 현대모터스 감독
"홍명보 쌤, 사석에선 'K리그 발전 스터디' 아시죠?"

2019년과 2020년 시즌 연달아 마지막 라운드까지 우승 경쟁을 펼친 전북 현대모터스와 울산 현대는 2021년 시즌에도 강력한 우승 후보로 꼽힌다. 새 감독 부임이라는 큰 변화를 맞은 두 팀의 대결은 자연히 김상식 감독과 홍명보 감독 간의 지략 대결에 관심이 쏠릴 수밖에 없다. 벌써부터 축구 팬들의 관심은 '김상식과 홍명보'가 벌일 새로운 '현대가 매치'에 쏠려 있다.

김상식 감독은 지도자 생활을 시작할 때부터 홍감독을 롤 모델로 삼았던 터라 대결 구도가 영 머쓱한 모습이다. "(홍감독은) 선수 때부터 지도자 때까지 진짜 내가 존경해온 쌤(선생님)"이라면서 "감독으로 부임한 후 통화하며 이야기를 나눴는데, 운동장 안에서는 치열하게 경쟁하되 형과 동생으로 만나는 사석에서는 K리그가 발전할 길을 모색하는 의논도 하자고 약속했다"며 웃었

김상식 전북 현대모터스 감독이 2020년 3월 호주 시드니에서 열린 아시아축구연맹
챔피언스리그에 출전해 시드니FC와의 조별 예선 경기를 치르고 있다. **사진** 한국프로축구연맹

다.

그럼에도 승부는 승부다. 전북 현대모터스에서 뛴 선수로는 처음으로 사령탑에 오른 김감독은 첫 시즌을 남다른 사명감으로 치른다. 2009년 성남 일화에서 사실상 방출된 자신을 품어준 팀, 이후 5년의 선수 생활과 7년의 코치 생활을 통해 진짜 강팀이라는 게 무엇인지 깨닫게 해준 팀에 더 나은 결과를 안기기 위해 노력하겠다는 다짐이다. 김감독은 "2020년에 K리그1 4연패를 달성하고 FA컵 우승을 했지만, 2021년엔 리그는 물론 아시아축구연맹 챔피언스리그에도 도전해보겠다"고 포부를 밝혔다.

김감독은 12년간 전북 현대모터스에 몸담아와 누구보다 팀에 대해 잘 아는 지도자로 평가된다. 선수 시절 2009년 전북 현대모터스로 이적해서는 첫해부터 주장을 맡아 팀을 창단 이후 첫 리그 우승으로 이끌었다. 은퇴하고 2014년부터는 최강희 전 감독 옆에서 코치로 활동했다. 2018년 당시 최 전 감독이 중국으로 떠난 뒤에도 선수단이 흔들리지 않은 것은 김감독의 역할이 컸기 때문이라는 게 구단의 설명이다.

목표를 이루기 위해 그는 든든한 코치진을 영입했다. 프리미어리그의 웨스트 브로미치 앨비언에서 뛴 김두현 수석코치, 그리고 한일 월드컵 4강 신화의 주역 이운재 골키퍼코치가 새로 합류했다. 김감독은 "김두현 수석코치에겐 중원 싸움과 공격에서의 감각을 심어달라고 요청했고, 이운재 코치에겐 농반진반으로 한일 월드컵 8강 스페인전 때 본인이 보여준 승부차기 및 페널티킥 방어 능력을 먼저 심어달라고 얘기했다"고 전했다.

재임하는 동안 흥과 멋, 그리고 '화공(화끈한 공격)'을 갖춘 축구를 펼치겠다는 그가 우승만큼이나 이루고 싶은 목표는 다득점이다. 실제 전북 현대모터스는 2020년 리그 우승을 거두기는 했지만 27경기에서 46득점을 기록하는 데 그쳐 다득점에선 3위 포항 스틸러스(56득점), 2위 울산 현대(54득점)에 크게 뒤졌다. 김감독은 "경기당 평균 득점을 2~2.5점으로 끌어올리자고 주문했다. 지도자도 선수를 믿을 테니 선수도 지도자를 믿고 웃으며 달려보자고 얘기했다"고 했다.

동계 전지훈련에서 가장 큰 과제는 은퇴한 이동국, 그리고 2020년과 2021년에 각각 해외로 이적한 김진수, 손준호 등 핵심 선수들의 빈자리를 채우는 일이었다. 일단 김감독은 다른 팀에 임대됐다가 복귀한 김승대, 한승규, 최영준의 활약에 기대를 걸고 있다.

최근 수년 사이에 박진섭(FC서울), 김기동(포항 스틸러스), 이민성(대전 하나시티즌), 설기현(경남FC), 김남일(성남FC), 전경준(전남 드래곤즈) 등 40대 감독들이 늘어난 데 따른 기대감과 긴장감도 크다. 김감독은 "한때(선수 시절) 날렸던 분들이 너무 많다. 나도 내 나름대로 다른 지도자와 경쟁할 전략이 있지만 자세한 건 영업 기밀"이라고 했다. 그러면서 "2021년 시즌엔 한번 온 팬들이 계속 전주성(전주월드컵경기장)을 찾도록 신나는 축구를 하겠다"고 다짐했다.

박지성과 이영표, K리그에 '큰 무대' 철학 심을까

현역 시절 K리그 무대에서 활약하지 않았던 박지성은 2021년 시즌부터 전북 현대모터스의 행정가로 국내 프로 무대에 발을 들였다. 프로 생활을 일본 J리그에서 시작한 뒤, 2002년 한일 월드컵에서의 활약을 발판 삼아 네덜란드의 PSV 에인트호벤을 거쳐 프리미어리그 명문 맨체스터 유나이티드에 입단했고, 7년 정도 활약하다가 퀸스파크 레인저스(잉글랜드)로 이적했다. 2013년 PSV 에인트호벤에 임대 이적한 그는 이듬해 선수 생활을 마무리했다.

선수 시절 때부터 박지성은 다양한 활동을 겸했다. 2011년 JS 파운데이션을 차려 이사장으로 다양한 활동을 벌였고, 현역에서 은퇴한 뒤엔 맨체스터 유나이티드의 앰배서더, 아시아축구연맹 사회공헌위원회 위원, 국제축구평의회 자문위원, 대한축구협회 유스전략본부장을 맡아가며 꾸준히 '축구의 미래'를 고민해왔다. '큰 무대'에서 쌓은 숱한 경험과 지식을 이젠 K리그에서 풀어낼 시기가 왔다는 판단이 선 것이다.

2021년 1월 전북 현대모터스의 어드바이저로 나선 그는 프로와 유소년의 선수 선발, 육성 및 스카우팅, 훈련 시스템 제시 등에 대한 조언자 역할을 하게 됐다. 위촉 기자회견에서 "선수 생활을 마치고 행정과 관련한 공부를 많이 했는데, K리그에서 행정가로 시작할 수 있어 기쁘게 생각한다. K리그에서 가장 좋은 성적을 내고 우승도 많이 한 전북 현대모터스에서 내 모든 것을 구단과 공유하겠다"고 약속했다.

'아낌없이 주는 나무'를 자처한 그가 주목한 부분은 유소년이다. 그는 "유소년 대회에서 아무리 좋은 성적을 내도 그것이 프로에서의 성적을 보장하지는 않는다"면서 "유소년 대회 성적을 떠나, 얼마나 많은 선수를 1군에 보낼 수 있느냐가 중요하다"고 짚었다. 그간 1군에서 성적은 꾸준히 내왔지만 산하 유소년 클럽에선 걸출한 선수를 많이 배출하지 못하던 전북 현대모터스가 한층 더 탄탄해지도록 돕겠다는 뜻이다.

상근직이 아니기에 책임감이 떨어질 것이라는 우려에도 박지성은 부임해 개막할 때까지 열 일을 이어갔다. 전주를 찾아 새 시즌을 준비하는 1군 선수단뿐 아니라 유스팀과 스태프들까지 살피는 일정을 소화했고, 각 유스팀의 지도자와 선수들을 두루 만난 것으로 전해졌다. 앞서서는 1군 전지훈련지인 남해스포츠파크를 찾아 지도자 및 선수들과 인사했고, 이와 별개로 유스팀을 살펴보

박지성이 2021년 1월 경기 고양 현대모터스튜디오에서 열린 '전북 현대모터스 클럽 어드바이저 취임 기자회견'에 참석해 취재진의 질문에 답하고 있다. **사진 전북 현대모터스**

기도 했다. 또 독일 다름슈타트에서 뛰던 국가대표 미드필더 백승호를 영입하는 데 힘을 보태며 스카우팅에도 열의를 보이는 광폭 행보를 펼쳤다.

박지성과 함께 한일 월드컵 무대를 누볐던 이영표 역시 강원 FC 대표를 맡아 2021년 시즌 초반을 누구보다 바삐 보냈다. 한 팀의 행정 수장을 맡게 된 그는 우승도 우승이지만 "팬들이 매력을 느끼는 팀"을 만들겠다고 공언한다. K리그에서 프로 생활을 한 그 역시 한일 월드컵 4강 신화를 시작으로 2006년 독일 월드컵 원정 첫 승, 4년 뒤 남아프리카공화국 월드컵 원정 16강 등 한국 축구가 일군 성과에 함께한 레전드다. 박지성과 함께 PSV 에인트호벤에 진출해 처음으로 유럽 무대를 밟았다. 이후 영국 프리

강원FC 대표이사로 선임된 이영표. **사진** 한국프로축구연맹

미어리그 토트넘FC, 독일 분데스리가 보루시아 도르트문트를 거쳐 사우디아라비아 알힐랄 SFC 등에서 측면 수비수로 활약했고, 메이저리그사커에 소속된 캐나다 클럽 밴쿠버 화이트캡스에서 선수 생활을 마무리했다.

　스포츠 산업이 튼튼히 자리 잡은 해외, 그중에서도 미국에서 쌓은 경험이 그에겐 큰 자산이다. 방점은 선수단 운영과 마케팅에 찍을 것으로 보인다. 한편으론 강원도에 축구 전용 구장을 세울 계획이라 완공된다면 구단의 마케팅 전략에 날개를 달 것이다. 일단 매력 있는 축구를 위해 이대표의 지휘 아래 강원FC는 2021년 시즌을 앞두고 수비수 윤석영과 임창우, 공격형 미드필더 마사, 공격수 유망주 김대원, 우즈베키스탄 국가대표 출신 수비수 아슐마토프 등을 영입했다. 이제 아시아축구연맹 챔피언스리그까지 엿볼 수 있는 팀이라는 기대를 높이고 있다.

블루 드래곤 이청용

"해외파에게 은퇴 전 K리그 복귀는 연봉 이상의 가치가 있다"

2020년 3월 초 K리그가 개막 전부터 들썩였다. '블루 드래곤' 이청용이 울산 현대에 입단했다는 소식이 전해지면서다. FC서울에서 뛰다 프리미어리그 무대로 진출한 지 11년 만에 국내 무대로 돌아오는 그를 울산 현대 팬뿐 아니라 다른 팀 팬들도 반겼다. 비록 코로나19가 확산되면서 개막이 미뤄지고 개막한 후에도 한동안 무관중 경기가 치러졌지만, 이청용의 녹슬지 않은 기량에 축구 팬들은 열광했다.

이청용은 2020년 시즌 K리그1에서 목표로 삼은 우승 트로피를 들지는 못했지만, 아시아축구연맹 챔피언스리그에선 우승을 차지했다. 그는 국내에 복귀해 치른 첫 시즌에서 팬들의 성원에 진한 감격을 느낀 모습이었다. 이청용은 해외파 선수들을 향해 "은퇴하기 전에 K리그에 복귀해 뛰어보니 연봉 이상의 가치가 충

2020년 시즌을 앞두고 울산 현대에 입단한 이청용. 2020년 3월 서울 축구회관에서
울산 현대 입단 기자회견 후 포즈를 취하고 있다. **사진** 한국프로축구연맹

분히 있다. 선수들이 K리그에 돌아오는 걸 너무 꺼리지 않았으면
좋겠다"고 힘줘 말했다.

코로나19 여파로 27경기로 축소 운영된 2020년 시즌에 이청
용은 20경기에 출전해 4골 1도움을 기록했다. 중원과 측면을 부
지런히 오가며 한 차원 높은 수준의 경기력을 보임으로써 울산
현대의 공격을 지휘했다. 적극적인 수비 가담도 서슴지 않는 모습
에 후배들도 덩달아 힘을 냈다. 이청용은 "한 시즌을 치러보니 어
느 하나 쉬운 팀이 없었다. 2009년과 지금을 비교하면 K리그의
전체적인 수준이 상당히 높아졌고 팀마다 색깔이 뚜렷해진 것 같
다"고 돌아봤다.

30대 초반이라는 다소 이른 나이에 국내 복귀를 선택한 건 오
롯이 그의 결단이다. 한 번쯤은 유럽 내 다른 팀에서 더 뛸 수도

있었다. 그러나 이청용의 마음은 K리그로 향했다. "언젠가 한국 팬들 앞에서 뛰었으면 좋겠다는 생각을 항상 갖고 있었다. 유럽에서 한 번 더 이적하면 이삼 년 뒤에나 돌아올 수 있는데, 그때는 너무 늦을 거라고 판단했다." 그러면서 그는 "조금이라도 더 좋은 경기력을 보여줄 수 있을 때 한국 팬들과 만나고 싶었다"고 덧붙였다.

가족들은 되레 이청용의 경기력이 떨어졌다고 비판을 받을까 봐 국내에 복귀하면서 걱정이 많았다고 한다. 그는 "전성기가 지났기에 걱정을 많이 한 건 사실"이라면서도 "막상 돌아오니 팬들이 내가 뛰는 것 자체를 좋아하는 것 같았다"며 팬들에게 고마움을 전했다. "내가 엄청난 톱스타가 아닌데도 그렇게 좋아해주는 팬들을 보면서 더 열심히 해야겠다는 생각이 들었다. 국내 복귀를 염두에 둔 해외파들에게도 이런 분위기가 잘 전달됐으면 한다."

이청용에 이어 2020년 7월엔 FC서울 시절 그와 단짝처럼 지낸 기성용도 친정으로 복귀했다. 곡절은 많았지만, 기성용이 K리그로 돌아온다는 소식에 이청용은 울산 현대 구단을 통해 환영 메시지를 담은 영상을 소개하기도 했다. K리그에서는 보기 드문 일이지만, 이 자체도 하나의 이야깃거리였다. 2020년 8월 30일 경기가 끝난 뒤 FC서울에서 한솥밥을 먹었던 이청용과 기성용, 그리고 박주영, 고요한, 고명진이 한데 모여 기념사진을 찍는 모습도 화제가 됐다. 이청용은 이때를 떠올리면서 "성용이가 상대 팀이지만 상대 팀 같지 않은 느낌이 들었다. 한국에선 처음으로 서로 다른 옷을 입고 뛰다 보니 느낌이 묘했다"며 웃었다.

고요한(왼쪽부터), 고명진, 박주영, 이청용, 기성용이
2020년 8월 울산문수축구장에서 기념사진을 찍고 있다. **사진** 한국프로축구연맹

    울산 현대에서 처음 생활해본 이청용은 연고지에 대한 만족감
과 애정을 전했다. "코로나19 때문에 많이 움직이지는 못했지만,
산과 바다가 모두 가까워 가족들과 한적한 곳에 가서 시간을 보
내기에 좋았다." 맛집도 발굴해가며 울산의 매력을 한껏 느끼고
있다고 했다. 그는 "팬들과 만날 기회가 많으면 좋겠지만, 한편으
론 이런 상황에서도 시즌을 모두 치러냈다는 게 놀랍기도 하다"
며 자부심을 전했다. "이건 한두 사람의 노력이 아닌, 축구를 사랑
하는 모든 이들의 노력이 있었기에 가능했던 일이다." 2021년 시
즌 울산 현대의 주장을 맡은 그는 FC서울의 주장을 맡은 '절친'
기성용과 캡틴으로 맞붙게 됐다.

    끝으로 그는 해외 진출에 도전하는 K리거들에게도 응원을 전

했다. "가끔 동료들이 내게 TV에 나오는 유명 선수에 대해 물어보면 그 선수에 대해 얘기해주곤 한다. 울산 현대뿐 아니라 K리그 무대 전체에 재능 있는 선수들이 많은데, 어디에 가든 실력을 기르는 한편으로 현지 선수들과 좋은 관계를 맺으려고 노력해야 한다." 또 "다른 선수들과 운동장 밖에서의 관계도 좀 더 적극적으로 쌓는다면 어디에 가도 쉽게 적응할 수 있다. 영어는 어느 나라에서든 통용되니 미리 공부해두면 좋을 것 같다"고 조언했다.

FC서울 캡틴으로 돌아온 기성용

"스스로를 향한 채찍이 필요했다"

기성용이 FC서울의 캡틴으로 돌아왔다. 2019년 아시아축구연맹 아시안컵을 끝으로 국가대표 은퇴를 선언하면서 '대한민국 캡틴' 자리를 내려놓은 그는 2년 만인 2021년 '서울의 캡틴'을 맡게 됐다. "주장을 맡아달라"는 신임 박진섭 감독의 부탁을 처음엔 거절하다가 거듭된 설득에 결국 받아들였다.

그가 주장을 수락한 이유는 간결했고 명확했다. 2021년 시즌 개막을 앞두고 FC서울이 전지훈련을 치른 제주 서귀포에서 만난 기성용은 "스스로에게 채찍질을 좀 더 해야겠다는 마음이 컸다" 며 "감독님이 '나만 죽을 수 없다'며 (주장을 맡으라고) 부탁했는데, 어차피 나는 팀의 고참으로서 후배를 이끌어야 할 역할이 있고 나 자신에게도 동기부여가 필요하다는 판단에서 그렇게 했다" 고 밝혔다.

FC서울의 주장 기성용이 2021년 2월 동계 전지훈련지인
제주 서귀포축구공원에서 활짝 웃고 있다. **사진** FC서울

　그에게 2020년은 다사다난한 해이면서 한편으로는 안주하기
도 쉬운 시기였다. 시즌 전에 국내 복귀가 무산된 뒤 스페인 프리
메라리가 레알 마요르카에 입단했지만 부상 등으로 거의 활약하
지 못했다. 우여곡절 끝에 2020년 7월 11년 만에 친정 팀 FC서울
에 복귀했지만 단 5경기에 출전하는 데 그쳤고, 팀은 과거의 명성
을 잃은 채 9위에 머물렀다.

　기성용은 "축구 인생에서 항상 압박을 느끼고 살았는데, 대표
팀에서 은퇴하고 마음이 너무 편했던 게 사실이다. 2020년 (부상
등으로) 경기까지 뛰지 않다 보니 몸도 마음도 편한 부분이 있었
다. (편한 삶에) 젖어버릴 것 같았다"고 돌아봤다. 그러면서 "낯선
경험들로 여러모로 어수선한 해였다. (일련의 과정이) 바라는 바는
아니었기에 아쉬운 부분도 있었다"고 털어놨다.

국내 복귀에 대한 고민이 컸던 건 사실이다. "나로서는 축구에 오로지 집중할 수 있는 해외가 좀 더 편한 건 맞다. 그래도 해외에서 은퇴하는 것도 좋지만, 한국에서 프로 생활을 시작했기 때문에 국내 팬들 앞에서 선수 생활을 마무리하는 것도 의미가 있다고 생각했다." 선수 생활을 어떻게 마무리하고 싶은지를 묻자 그는 "마지막까지 팬들이 내 플레이를 보며 즐거움을 느낄 수 있었으면 한다"고 했다.

11년간 유럽 무대 도전 과정에서 할 수 있는 한 최선을 다했기에 미련은 없다. 다만 유럽 무대에서 한창 도전하고 있는 후배들에게 "능력이 닿는 한 최대한 버텨줬으면 좋겠다"며 바람을 전했다. 또 "유럽에서 감독이 교체되면서 생기는 변화를 겪거나 경기에 뛰지 못할 때 국내에 복귀하고 싶은 생각이 많이 들었다. 하지만 버티지 못했으면 정말 크게 후회했을 것 같다"고 했다.

"후배들이 K리그에 오는 것도 좋지만, 아무래도 유럽이 더 많이 배울 수 있는 환경인 건 사실이기에 해외 무대에서 좀 더 부딪치면서 살아남았으면 좋겠다. 한번 (국내로) 돌아오면 다시 해외로 나가는 게 아무래도 쉽지 않기 때문에, 해외에서 가능한 충분히 경험하고 도전한 다음 국내로 돌아오면 팬들도 얼마든지 환영하지 않을까 생각한다."

그가 K리그에서 이루고 싶은 가장 뚜렷한 목표는 우승이다. 아직 K리그 우승 경험이 없는 기성용은 "FC서울은 우승을 바라보며 갈 것"이라고 했다. 그가 유럽 무대에 진출하기 전인 2009년까지 FC서울은 국가대표급 선수를 많이 보유해 우승에 근접한 팀으로 분류됐지만, 최근 수년 사이엔 그런 모습이 없었다. 그는 "물론 전북 현대모터스나 울산 현대보다 전력이 낮다고는 할 수 없지만, 우리 또한 좋은 선수를 많이 영입했다. 우리 선수들이 어떤 경기력을 보여줄지 기대된다"고 했다.

2010년 런던 올림픽 동메달 신화를 함께 쓴 홍명보 울산 현대 감독을 비롯해 행정가로 나선 이영표 강원FC 대표, 박지성 전북 현대모터스 어드바이저 같은 2002년 한일 월드컵 주역들과 K리그 무대에서 만나는 점도 흥미롭다. 기성용은 "일단 다양한 스토리들은 많이 만들어진 것 같다. 경기장에서 팬들에게 좋은 경기력을 보이는 게 과제"라고 했다. 끝으로 "2020년 FC서울이 워낙 힘든 시기를 겪어 실망했을 팬들에게 새 감독님과 함께 달라진 모습을 보이겠다"고 다짐했다.

설기현 경남FC 감독

'승복과 성장, 기회의 평등' 원칙, 승격으로 빛날까

설기현 감독은 프로 무대 사령탑으로 데뷔한 2020년 K리그 2에서 경남FC를 1부 리그 승격 코앞까지 이끌었다. 수원FC와의 플레이오프에서 1대 0으로 앞서던 경기 종료 직전 상대에 페널티킥 골을 내주고 패했지만, 그는 끝까지 페어플레이 정신을 지켰다. 플레이오프에서 1대 1 무승부로 끝날 경우 정규 리그에서 상위 성적을 거둔 팀이 승격하는 규정도, 마지막 순간 페널티킥을 선언한 심판도 원통했을 법한데, 설감독은 경기 후 "왜 (경남FC가) 수원FC와 승점 차가 15점이나 벌어졌는지 알 수 있었다"며 깨끗이 패배를 인정하고 자리를 떠났다.

승복의 가치를 새삼 깨달은 설기현 감독은 2021년 시즌 일정을 동계 전지훈련지인 경남 통영에서 시작했다. 통영에서 만난 그에게 2020년 마지막에 승격 기회를 놓친 게 아쉽지 않았는지 묻자, "경기가 끝난 뒤 며칠간 김도균 감독(수원FC)과 통화하기 싫어서 문자메시지가 와도 답장을 하지 않았다"며 껄껄 웃었다. 사실 두 사람은 오랜 시간 국가대표팀 등에서 함께 활약한 '절친'이지만, 그만큼 받아들이기 어려운 결과였기에 한동안 김감독의 연락도 반갑지는 않았다는 게 그의 솔직한 심경이다.

그럼에도 그는 "스포츠에서 승복은 가장 중요한 가치 가운데 하나"라고 했다. 설감독은 "솔직히 심판들에게 따뜻한 말을 할 입장은 아니었지만 그래도 정중히 인사하고 경기장을 떠났다. 져놓고 패배를 인정하지 않는 건 좀 아니라고 생각한다"고 털어놨다. 또 "(심판이나 상대 팀에) 따진다고 결과가 바뀌는 것도 아니고, 상대의 승리를 인정하지 않는다면 나 또한 승리를 인정받을 자격이 안 된다는 것 아니겠느냐"면서 "승복하는 문화는 우리나라에서 꼭 자리 잡아야 할 것"이라고 강조했다.

그가 감독으로 부임해 나름대로 철저히 지키기 위해 노력하는 원칙은 '성장', 그리고 '기회의 평등'이다. 승부의 세계에서 패배는 할 수 있지만 그 패배나 실패를 통해 성장하지 않으면 그게 진짜 패자라는 생각이다. 설감독은 "감독으로 부임한 첫해 승격은 하지 못했지만 처방을 잘 내리고 준비하는 계기로 삼으려 한다. 시즌 막판에 내가 원하던 축구가 잘 구현돼 다음 시즌에 대한 희망을 본 건 소득"이라고 말했다.

기회의 평등은 기본 중의 기본이다. 프리미어리그 레딩FC와 풀럼FC, 울버햄프턴FC, 그리고 벨기에 RSC 안데를레흐트 등에서 활약했던 그는 이렇게 소신을 밝혔다. "해외 무대에서 실력대

설기현 경남FC 감독이 2021년 1월 전지훈련지인 경남 통영에서
포즈를 취하고 있다. **사진** 김형준

로 경쟁해보니 선수의 나이가 많든 적든, 베스트 플레이어 같은
상을 받았든 받지 않았든 간에 기회는 감독이 원하는 플레이를
소화할 선수에게 주어졌다. 학연이나 지연, 과거의 명성 같은 요
인을 지우지 않고 선수를 선발하다 보면 팀의 성장이 더딜 수밖
에 없는 것 같다."

지도자 생활을 시작하고서는 꾸준히 편견과 맞서왔다. 한일 월
드컵 대표팀 사령탑을 맡았던 거스 히딩크 감독과 같은 철학을
내세운 그는 "(당시와 비교해도) 사회 전반이 변화했다"고 진단했
다. 모교 출신이 아니라면 어려울 것이라던 성균관대 축구부 사
령탑에 2015년 부임해, 그때까지 별다른 두각을 나타내지 못하던
성균관대를 이끌고 2016년 FA컵 32강전에서 프로팀(서울 이랜
드)를 꺾는 파란을 일으켰다. 이듬해 춘계 전국대학축구연맹전에

K리그를 읽는 시간 2

선 팀을 38년 만에 결승 진출로 이끌며 영웅이 됐다. 2020년에 경남FC의 사령탑으로 부임할 때는 자신보다 무려 일곱 살 많은 수석코치를 뒀다. 설감독은 "선수들이 최선을 다하도록 돕는, 경험 많고 능력 있는 분을 모셔 왔을 뿐이다"고 했다.

승복과 성장, 그리고 기회의 평등이라는 대원칙 아래 그는 2021년 시즌에 승격에 재도전한다. 국가대표 공격수 이정협 등 알짜 선수들이 합류한 게 큰 힘이 된다. 승격을 목표로 내건 설감독은 "한동안 다시 강등되지 않을 강한 팀을 만들고 싶다"고 다짐했다. 그러면서 "K리그는 아직 팬들이 '알아서' 찾아와주는 무대는 아니라고 생각한다. 선수들과 함께 팬을 늘리고, 한번 찾아온 팬들은 앞으로도 계속 경남FC의 경기를 보러 오고 싶게 만들도록 경기장 안팎에서 최선을 다할 것"이라고 약속했다.

김기동 포항 스틸러스 감독

"나 때는 말이야? 제가 맞춰야죠"

2020년 K리그1 마지막 경기를 앞둔 그해 10월 말, 훈련이 시작된 포항 스틸러스 클럽하우스에선 재잘재잘 대화 소리가 끊이지 않았다. 목표로 하던 아시아축구연맹 챔피언스리그 출전권을 확보하기 위해 리그 3위, 팀 득점 1위를 모두 확정할지가 선수들의 관심사였다. 김기동 감독은 "우리 애들은 원래 이렇다"고 말했다. 선수들은 운동을 하며 동료는 물론 김감독과도 자연스럽게 대화를 나누고 김감독의 짓궂은 농담도 능숙히 받아쳤다.

김감독은 "세대 차이가 더 커지고 변화 속도도 빨라지고 있다. '나 땐 말이야', '우리 땐 이랬다'라는 말을 해도 선수들이 이해하지 못한다"고 했다. 그래서 그는 자신의 프로 시절을 기준 삼아 선수들에게 엄격하고 절도 있는 행동을 요구하기보다는 자신을 선수들에게 맞추려 한다. "선수들의 마음속 얘기를 많이 들어주고

그에 맞게 생활하면서 친밀감을 유지하려는 편이다. 그 대신 암묵적으로 정해진 선을 벗어나거나 운동장에서 코치진의 요구를 따라오지 못하는 모습이 보일 땐 단호히 지적한다."

울산 현대를 상대로 2020년 시즌 마지막 동해안 더비에서 4대 0으로 대승을 거둔 데도 김감독의 부드러운 카리스마가 한몫했다. "경기를 준비할 시간이 꽤 길어지면서 선수들이 꽤 풀어져 있기에 쓴소리를 좀 했다. 싫은 소리를 자주 하는 스타일이 아니다 보니 그때 선수들이 뭔가 느꼈다고 하더라."

선수와 코치진 간에 마음이 맞으니 성적도 따랐다. 우승 경쟁을 한 전북 현대모터스, 울산 현대에 비해 스타플레이어는 턱없이 부족했지만 27라운드 동안 15승 5무 7패를 기록해, 2019년보다 한 단계 뛰어오른 3위로 2020년 시즌을 마쳤다. 득점도 56점으로

K리그1에서 최다 득점을 기록했고, 리그 1위인 전북 현대모터스보다 무려 10골이 많다. 또 2020년 시즌 초반에 주목받지 못하던 송민규가 가슴에 태극마크를 처음 달고 끝내 영플레이어로 선정되게끔 이끈 것도 김감독이다.

시즌 초반 양 날개이던 김용환과 심상민이 입대하며 위기도 찾아왔지만 선수들과 합심해 '공격 축구'라는 포항 스틸러스의 방향성을 다시 잡아냈다. 김감독은 "선수 수급이 어려워 전술을 스리 백(수비진에 수비수 3명을 배치하는 전술)으로 바꿨는데 곧바로 인천 유나이티드에 4대 1 대승을 거뒀다. 이때 전술을 두고 고민이 많았다. 선수들과의 논의를 거친 끝에 되든 안 되든 공격적으로 맞받아치는 우리만의 축구를 하자는 결론이 나서 포 백으로 돌아왔다"고 했다. 그는 이와 같은 공로를 인정받아 2020년 시즌 최우수감독상을 수상하기도 했다. 시즌 성적 3위 이하 팀의 감독이 감독상을 받은 건 38년 프로축구 역사상 최초다.

가장 고마운 선수는 최영준이다. 전북 현대모터스 소속인 최영준은 임대 선수로 포항 스틸러스에 와 주장도 맡았다. 김감독은 "주장을 하라고 했을 때 마다하지 않고 흔쾌히 응하더니 팀을 잘 이끌었다. 말보다 행동으로 솔선수범하는 선수라 후배들이 잘 따랐다"고 이유를 설명했다. 그러면서 "우리가 데려오고 싶은 선수"라고 욕심을 드러냈다.

김감독의 목표는 아시아 무대에서 정상에 서는 것이다. 최우수감독상의 영예는 이제 가슴에 품어두고, 그는 역사와 전통이 뚜렷한 'K리그 명가' 포항 스틸러스가 아시아축구연맹 챔피언스리그 우승컵을 또 한 번 들어 올리는 날을 위해 선수들과 다시 뛴다.

'송스타' 송민규의 성장 비결,
김기동의 낡은 스톱워치

2020년은 포항 스틸러스의 신예 송민규에게 최고의 해였다. 2020년 시즌에 뛴 22세 이하 선수 중 유일하게 공격포인트 10위 안에 들더니, 생애 처음으로 가슴에 태극마크까지 달면서 존재감을 드러냈다. 프로 3년차인 송민규를 스타 반열에 올린 건 무엇이었을까. 그는 자신의 성장 비결이라며 낡은 스톱워치 하나를 꺼내 들었다. 사연은 이랬다. "시즌 전에 김기동 감독님이 직접 쓰던 스톱워치를 하나 주면서 뛸 때마다 시간을 재고 목표치 안에 들어올 수 있게 하라고 했다. 이 스톱워치를 '유럽으로 갈 때 돌려달라'고 해서 아직도 갖고 있다."

김감독이 스톱워치를 전하며 송민규에게 특별 과제를 내준 것이다. 송민규는 2019년 시즌 후반부터 1군 선발 명단에 이름이 올라 27경기를 뛰며 2골 3도움을 기록하는 등 성장세가 뚜렷했

포항 스틸러스의 송민규가 2020년 10월 포항 스틸러스 클럽하우스에서 김기동 감독에게서 받은 스톱워치 하나를 손에 들고 포즈를 취하고 있다. **사진 오지혜**

지만, 풀타임을 여유 있게 소화하거나 폭발력 있는 모습을 보여주지는 못했다. 그도 자신의 부족한 점을 알고 있었다. "2019년 경기를 뛰면서 전후반을 모두 소화할 체력이나 득점력이 부족해 아쉬웠다. 이 부분을 키워야겠다는 생각을 많이 했다." 송민규가 꺼내 든 스톱워치는 그간의 연습량을 가늠할 수 있을 정도로 손때가 잔뜩 묻어 있고 배터리도 모두 소모된 상태였다.

몸집도 3킬로그램쯤 찌워 단단해진 송민규는 2020년 시즌에 들어 득점포를 가동하기 시작했다. 4라운드 인천 유나이티드와의 경기에서 시즌 첫 골을 넣은 뒤 꾸준히 득점을 올렸고, 시즌 전 경기(27경기)에 출전해 공격포인트 16개(10골 6도움)를 쌓으며 팀의 3위 수성을 도왔다. 이때마다 보여준 특유의 흥겨운 세리머니로 주목을 받기도 했다. 그는 "게임 속 세리머니가 멋있어서 따라 했다. 처음엔 형들이 '그게 무슨 세리머니냐' 하면서 놀렸는데 나중엔 멋있다고 해주더라"며 활짝 웃어 보였다.

2020년 10월엔 처음으로 연령별 국가대표팀 명단에 이름을 올렸다. 명단을 발표하는 날 하루 종일 휴대폰을 부여잡고 있었다는 송민규는 "이름이 올라 있는 걸 보고 '이제 보여줄 때가 왔다'고 생각했다. 이번에 못하면 다시는 기회가 오지 않는다는 각오로 열심히 임하려 했다"고 말했다. 각오대로 올림픽 대표팀 공격수로 출전한 송민규는 국가대표팀과의 친선전 1라운드에서 첫 득점을 뽑아내며 자신의 이름을 널리 알렸다. 송민규는 "태극마크를 달고 뛴 첫 경기에서 첫 골을 넣은 순간이라 정말 기뻤다. 경기력이 전반적으로 만족스럽지 못했는데, 그 골을 넣어서 그나마 위안이 됐던 것 같다"고 했다. 그러면서 "아마 골을 넣지 못했으면 나락으로 떨어졌을 것 같다"고도 덧붙였다.

시즌 전에 세운 '공격포인트 15개 달성'과 '대표팀 선발'이라는 목표를 모두 이뤘다는 송민규는 K리그 영플레이어상(K리그 데뷔 이후 3년이 지나지 않은 만 23세 이하 선수 중에서 선정)까지 품었다. 광주FC의 엄원상, 울산 현대의 원두재, 전북 현대모터스의 조규성 등 함께 연령별 국가대표팀에 이름을 올렸던 선수들을 K리그에선 앞지른 것이다. 송민규는 '송스타'로 불리고 싶다고 했다. "제2의 손흥민이라고 부르는 분들도 있는데, 아직 내겐 과분한 별명 같다. 그보다는 제1의 송민규, 송스타로 먼저 기억될 수 있게끔 더욱 노력하겠다."

이민성 대전 하나시티즌 감독
도쿄대첩 영웅, "그때의 희열, 대전에서 재현"

1997년 9월 일본 도쿄 국립경기장. 이듬해 열릴 프랑스 월드컵의 본선 진출권을 다투는 숙명의 한일전에서 한국 축구사에 길이 남을 명장면이 탄생했다. 후반 20분 야마구치 모토히로의 선제골로 패색이 짙던 한국은 후반 38분 서정원의 헤딩 골로 승부를 원점으로 돌려놨고, 3분 뒤인 41분 극적인 역전골이 터졌다. 주인공은 수비수 이민성이었다. 30미터쯤 되는 거리에서 낮게 찬 중거리 슛이 한 차례 땅에 튄 뒤 시원하게 일본의 골문을 갈랐다. 한일전 역사상 가장 극적인 승부로 꼽히는 이날의 역전극은 축구 팬들에게 '도쿄대첩'으로 기억되고 있다.

도쿄대첩의 영웅 이민성은 2021년 대전 하나시티즌의 감독을 맡아 K리그2에서 프로 무대 사령탑으로 데뷔한다. 동계 전지훈련지인 경남 거제에서 만난 이감독은 "코치 때와는 완전히 다른 책임감이 생겼다. 과거 이장수, 김학범 감독님에게 배운 노하우를 통해 균형과 타이밍, 스피드까지 삼박자를 갖춘 역동적인 축구를 선보이고 싶다"고 포부를 밝혔다. 또 "공을 뺏으면 7초 안에 슈팅을, 뺏긴다면 5초 안에 다시 뺏을 수 있는 팀을 만들고 싶다. 공수 전환 속도만큼은 가장 빠른 팀이 된다면 1위는 자연히 따라오게 될 결과"라고 했다.

'감독 이민성'에게 떨어진 부임 초반 과제가 많았다. 기업구단으로 변모한 첫해이던 2020년 시즌에 팀은 4위에 그쳤다. 투자에 대비해 성과가 너무 떨어진다는 평가가 나오면서 선수들의 사기는 바닥을 쳤고, 전체적인 체력 관리도 안 돼 있는 모습이었다. 이 감독은 "부임 직후부터 강도 높은 훈련이 불가피했다. 밥 먹을 때도 대화하지 않는 선수들의 모습을 보고는 훈련 외 시간엔 경직되지 않도록 코칭스태프들이 먼저 다가가는 노력을 했던 것 같다"고 말했다.

선수들은 새 감독의 고강도 체력 훈련에 혀를 내두른다는 후문이다. 이감독은 "내가 구사하는 축구는 선수들의 체력이 완성돼 있어야 보여줄 수 있다"고 했다. 대표팀 시절엔 네덜란드 출신 거스 히딩크, K리그 FC서울에선 터키 출신 세뇰 귀네슈 밑에서 몸소 느낀 체력의 중요성을 전수하는 과정이다. "귀네슈 감독님 밑에서 하루에 두 번씩, 무려 40일 동안 강도 높은 체력 훈련을 한 기억이 또렷하다. 내가 '죽겠다'고 투덜거리면 귀네슈 감독님은 '죽지 않을 정도만 훈련할 것'이라며 웃었는데, 실제로 팀이 강해지는 걸 보고 많은 걸 느꼈다."

이민성 대전 하나시티즌 감독이 최근 동계훈련지인
경남 거제의 훈련 시설에서 포즈를 취하고 있다. **사진** 김형준

그가 프로팀 감독으로 데뷔하는 2021년 시즌은 결코 호락호락
하지 않다. K리그2 구단들이 저마다 1부 리그 못지않은 선수 보
강을 하고, 감독들의 지도 철학도 점점 뚜렷해지면서. 이감독도
이를 감지한다. "K리그2 구단들의 전력이 전체적으로 강해지는
건 승격을 노리는 팀들에겐 서로 부담이 되는 게 사실이다. 하지
만 오히려 독주하는 팀 없이 경쟁 팀들이 서로 물고 물리는 치열
한 전개가 리그 흥행엔 더 큰 흥미로 작용하리라 본다." 스트레스
는 스스로 감내하되 결국 마지막에 웃고 싶다는 얘기다.

2002년 한일 월드컵 직후 몇 년 동안은 팬들의 열기가 워낙 뜨
거워 대전은 '축구특별시'로 불렸다. 그런 대전의 부활도 과제다.
특히 2020년까지 23세 이하 대표팀에서 함께 코치로 생활한 김
은중이 대전 시티즌에서 프로에 데뷔한 데다 여전히 애정이 많은

데, "꼭 대전 하나시티즌을 승격시켜달라"고 부탁했다고 한다. 이
감독은 "대전 하나시티즌 감독을 맡는 동안 이루고 싶은 가장 큰
목표는 당연히 승격이다. 이제 도쿄대첩 같은 과거의 성과보다 감
독으로서의 성과가 중요하기에 선수들과의 신뢰를 쌓아 꼭 과거
의 열기를 되찾고 싶다"고 했다.

2020년 MVP 손준호
"전북 현대모터스 팬들의 사랑, 어디서도 잊지 않을게요"

　전북 현대모터스의 손준호는 2020년 시즌 K리그1 최우수선수 (MVP)로 선정되며 최고의 한 해를 보냈다. 시즌을 마친 뒤엔 구단에 거액의 이적료를 안겨주며 중국 프로축구 산둥 루넝으로 이적했다.

　2020년 K리그1에서 MVP 경쟁은 치열했다. 다른 후보자 3명과 달리 수비형 미드필더인 손준호는 뛰어난 중원 장악력으로, 시즌 개인 득점 1~3위이던 울산 현대의 주니오, 대구FC의 세징야, 포항 스틸러스의 일류첸코를 꺾고 수상의 영예를 안았다. 그는 MVP를 수상한 후 "정말 행복하다"고 소감을 밝힌 뒤 얼떨떨한 듯 "정말"을 연발하며 장인과 장모 등 고마운 사람들을 줄줄이 나열해 청중의 웃음을 자아내기도 했다.

　2020년 시즌에 손준호는 25경기에 출전해 그라운드 경합 성

2020년 K리그1 MVP로 선정된 손준호의 세리모니 모습. **사진** 한국프로축구연맹

공 75개, 차단 171개, 획득 291개, 중앙 지역 패스 1122개를 기록하며 해당 부문에서 모두 1위를 차지했다. 수비뿐 아니라 장거리 패스 219개, 태클 성공 33개, 인터셉트 51개를 기록해 공격 부분에서도 상위권을 차지하며 만능 미드필더로 활약했다. 공격포인트도 7개(2골 5도움)나 쌓았다. 그는 "2020년 한 해 동안 팀의 우승에 도움이 되고 미드필더에서 내가 가진 장점을 발휘해냈다고 생각한다. 이런 부분들이 모여 MVP를 받는 데 도움이 되지 않았나 싶다"고 자신이 생각하는 수상 이유를 설명했다.

그는 자신에게 가르침을 준 김상식 전북 현대모터스 감독(당시 수석코치)에게도 감사를 표했다. 손준호는 "김코치님이 수비형 미드필더로서의 위치 선정이나 상황마다 해야 하는 것들을 많이 얘기했다. 알려준 걸 캐치해 좋은 모습을 보여주려고 했던 게 이 포지션을 해내는 데 도움이 된 것 같다"고 했다.

화려한 기록이 보여주듯 전북 현대모터스의 중원에서 공수를 조율하며 팀의 4년 연속 K리그1 우승, 그리고 FA컵 우승까지 이끈 손준호는 이제 중국 무대에 도전한다. 2020년 12월 자신의 여동생이 김승대와 결혼하게 돼 이제 김승대는 '친한 형'에서 '매제'가 됐다. 한때 중국 무대에서 먼저 활약했던 김승대의 조언이 큰 힘이 됐다고 한다. 손준호는 "어느 곳을 가더라도 전북 현대모터스에서 받은 사랑을 잊지 않고 팬들의 성원을 가슴 깊이 간직하겠다. K리그에 복귀할 때는 반드시 녹색 유니폼을 입을 것"이라고 약속했다.

손준호의 여동생과 결혼한 김승대

"아시아축구연맹 챔피언스리그 우승 선물을"

2021년 시즌 전북 현대모터스로 돌아온 김승대에게 2020년은 인생의 터닝 포인트였다. 강원FC에서 임대선수 생활을 처음 해보며 이전에 겪지 못한 삶을 지내봤고, 무엇보다 연말에 1년여 교제한 연인과 조용히 결혼식을 치르면서 삶의 책임감이 커졌다. 또 하나의 변화를 꼽자면 중학교 시절부터 가족처럼 지낸 한 살 후배이자 '절친' 손준호가 진짜 가족이 된 점이다. 자신보다 네 살 어린 아내가 바로 손준호의 여동생이기 때문이다.

김승대는 한 살 아래인 손준호를 손위 처남으로 맞은 소감으로 "아내에게 잘하겠다"며 웃었다. 그는 "(손준호와) 워낙 오래전부터 함께 지냈기에 서로의 모든 스토리를 알아 믿음이 크다"면서도 "덕담을 많이 했지만, 한편으론 여동생을 걱정하는 마음이 있는지 '바람피우면 죽는다' 같은 으름장도 놨다"고 했다. 실제 김

전북 현대모터스의 김승대가 2021년 1월 동계 전지훈련지인 경남 남해에서 훈련에 열중하고 있다. **사진 전북 현대모터스**

승대와 손준호는 포항제철중, 포항제철공고, 영남대에서 오랜 시간 함께 호흡했고, 2013년(김승대)과 2014년(손준호) 나란히 포항스틸러스에서 프로 생활을 시작했다.

고교 때부터 '준호 여동생'에게 끌렸다고 했다. "고교 시절 대회 때 경기장을 찾은 준호 여동생과 인사했는데, 3학년 때 '나중에 크면 결혼하자'고 던진 말이 현실이 됐다." 알고 지낸 지 10년이 넘어 연인으로 발전한 둘은 결국 결혼에 골인했다. 김승대가 전북 현대모터스에 복귀하자 곧 손준호가 산둥 루넝으로 이적하게 됐지만, 동계 전지훈련 이전까지는 자주 식사하며 많은 조언을 주고받았다. 김승대는 손준호에게 2016~2017년 자신이 중국 무대(옌벤 푸더)에 진출한 당시의 경험을, 손준호는 김승대에게 전북 현대모터스에서 생활하는 데 도움이 될 얘기들을 건넸다.

30대에 접어든 김승대는 2021년 시즌부터 제2의 전성기를 향해 달린다. 그는 "결혼을 하면서 심적으로 많이 안정된 것 같고 무엇보다 책임감이 커졌다. 이제 축구만 더 잘하면 인생의 퍼즐이 완성된다고 생각하는 터라 2021년엔 어느 해보다 열심히 준비할 것 같다"고 말했다. 특히 전북 현대모터스 팬들에게 믿음을 심어주고 싶다고 했다. "2019년에 입단한 뒤로 팬들에게 좋은 모습을 보여주고 싶었지만 그러지 못해 죄송하다. 최근 2년 사이 배운 점들을 토대로 잘 준비해 전북 현대모터스에서 꽃을 피우고 싶다."

당장 선발 멤버로 뛸 거라는 욕심은 접고 시작한다. "전북 현대모터스엔 용병뿐 아니라 국내파도 워낙 훌륭한 선수가 많다. 기회가 주어졌을 때 내 가치를 증명할 수 있도록 노력하겠다." 특히 "팀이 나 위주로 돌아가는 게 아니기에 용병 등 공격 선수들과 호흡을 잘 맞추기 위해 노력할 것이다. 무엇보다 팬들에게 인정받아서 그간 실망을 안긴 부분까지 채우고 싶다"고 다짐했다.

목표는 팀의 트레블(한 시즌에 한 팀이 3개의 주요 대회에서 우승해 삼관왕을 기록하는 것)이다. 그중에서도 K리그1 우승과 아시아축구연맹 챔피언스리그 정상에 대한 갈증이 크다. 손준호가 뛰는 산둥 루닝도 2021년 시즌 챔피언스리그에 참가해 맞대결할 가능성도 있지만 어디까지나 승부는 승부다. 정상에 서고 싶다는 게 김승대의 목표다. "전북 현대모터스 팬, 그리고 아내에게 챔피언스리그 우승을 선물하고 싶다. 도움이 될 수 있도록 모든 걸 쏟겠다."

끝으로 그는 "2014년 영플레이어상을 수상할 당시 '은퇴하기

전에 할 수 있는 모든 부분에서 수상하고 싶다'고 했는데, 그 약속도 꼭 지키고 싶다"고 말했다.

지도자로 출발하는 '분유캄프' 정조국
"가족이 내 에너지였다"

자녀가 생긴 뒤 제2의 전성기를 맞으며 '분유캄프(분유 값을 잘 버는 베르캄프)'로 불리던 K리그 베테랑 공격수 정조국은 2020년 시즌을 끝으로 현역에서 은퇴했다. 그리고 한동안 직접 분유를 타며 육아에 전념했다. 소속팀 제주 유나이티드가 K리그2 우승을 차지하며 일찌감치 승격을 확정해서 꿀 같은 휴식을 취할 법하지만, 축구와는 다른 차원의 체력이 필요하다 보니 "힘들다"는 말이 절로 나온다. 그래도 어느 해 겨울보다 마음은 홀가분하다. 열 살이 된 큰아들 태하, 세 살배기 딸 윤하, 2020년에 태어난 막내아들 재하와 이젠 더 길고 깊게 교감할 수 있게 됐기 때문이다.

정조국은 은퇴한 이후 제주 유나이티드에서 코치로 부임해 지도자 생활을 시작한다. "가족들은 물론 남기일 감독님과도 오랜 시간 상의한 끝에 내린 결정이다. 은퇴 계획은 꾸준히 갖고 있었

2020년 12월 서울 축구회관에서 열린 '패트리어트' 정조국의 은퇴 기자회견.
사진 한국프로축구연맹

는데, 체력 등 몸 상태는 아직 자신 있을 정도로 좋지만 이동국 형의 말처럼 정신적으로 힘들어진 것 같다."

2003년 FC서울의 전신인 안양 LG에서 프로 무대에 데뷔한 정조국은 성실함과 긍정적인 태도로 17년간의 프로 생활을 이어왔다. 데뷔 첫해 12골 2도움을 기록하며 신인왕에 오른 그는 2015년까지 군 복무를 위해 경찰청 축구단에서 뛴 두 시즌(2013, 2014년)을 제외하고는 줄곧 FC서울의 간판 공격수로 뛰었다. 미사일처럼 빠르고 파괴력 있는 슈팅 능력을 장착한 그에게 '패트리어트'라는 별명이 붙었다. 하지만 제대하고 FC서울에서 별다른 활약을 보이지 못한 채 2016년 시민구단 광주FC로 이적했다.

이곳에서 남기일 감독을 만난 그는 그해 31경기에 출전해 무려 20골 1도움을 기록하면서 데뷔 이래 첫 득점왕 트로피를 거머쥐었다. 서른을 넘겨 제2의 전성기를 맞은 그에게 축구 팬들은 '분유캄프'라는 별명을 선사했다. 이후 강원FC에서 3시즌을 뛰며 알토란 같은 활약을 한 그는 2020년 남기일 감독의 부름을 다시 받고 제주 유나이티드의 유니폼을 입었다. 처음 K리그2 무대를 밟은 그는 든든한 조력자 역할을 해가며 팀의 K리그2 우승과 승격에 힘을 보탰다.

정조국은 "현역 생활을 이어오는 데 가족이 큰 힘이 됐다"며 아내이자 배우인 김성은 씨에게 고마움을 전했다. "가족은 내가 경기장에서 숨 쉬는 이유이기도 했다. 내 에너지이자 동기부여가 된 것도 가족이었다." 그래서인지 휴식기에 몰두하게 된 육아를 통해 심리적으로 큰 안정과 행복을 얻고 있다고 한다. 그는 "아내가 누구보다 은퇴를 아쉬워한다. 그래도 이번 기회에 육아에 큰 도움은 안 되더라도 그동안 아내를 돕지 못한 것을 만회하고 싶다"며 웃었다.

선수 생활 중 가장 아쉬운 점으로는 월드컵 무대를 밟지 못한 것을 꼽았다. 연령대별 대표팀을 두루 거쳤던 그는 대신고에 재학 중이던 2002년 거스 히딩크 감독의 부름을 받아 월드컵 대표팀 연습생으로 발탁됐다. 또 2006년 도하 아시안게임 대표팀, 2007년 아시안컵 대표팀 명단에도 올랐다. 하지만 이후에는 국가대표와 인연이 끊겼다. 정조국은 "부상 때문에 명단에서 제외된 경우도 있었지만, 나 또한 부족했기 때문이라고 생각한다. 그래도 K리그에서 우승도 해보고 개인상도 많이 받아 감사한 게 더 많다"고 했다.

지도자로 새 출발을 하는 정조국은 "가장 잘할 수 있는 일을 생각해보니 경쟁력 있는 지도자로 성장하고 싶은 마음이 가장 컸다. 맨땅에 헤딩한다는 생각으로 열심히 공부하고 경험도 쌓을 각오가 돼 있다"고 했다. 특히 최근 남기일 감독을 비롯해 정정용, 박진섭, 전경준, 설기현 같은 40~50대 젊은 감독들의 활약은 자극이 됐다. 그는 "이제 운동만 잘 가르쳐서는 안 된다. 선수들의 심리와 체력 상태까지 관리하는 지도자가 요구되는 시대다. 끊임없이 공부하는 지도자가 되고 싶다"고 전했다.

'신스틸러' 골키퍼 강현무
"평범한 선수가 되고 싶지는 않아요"

포항 스틸러스의 골키퍼 강현무는 2020년 시즌 K리그 최고의 신스틸러였다. 공격을 온몸으로 막아내는 그는 때론 포효하고 때론 땅을 쾅쾅 치며 경기마다 자신의 감정을 솔직히 드러낸다. 용감하게 자신을 내보이는 건 자신감은 물론 실력까지 갖췄기에 가능했다.

프로 생활 7년차, 지금은 어엿한 포항 스틸러스의 주전 수문장이 된 강현무이지만 입단했을 당시엔 한동안 빛을 보지 못했다. 포항 스틸러스의 유스팀 출신인 강현무는 성인이 됨과 동시에 프로구단에 입단했지만 3년이 넘도록 한 경기에도 출전하지 못했다. 선배 신화용에 밀려 기회를 얻지 못한 것이다. 신화용이 이적한 2017년에야 강현무는 데뷔전을 치를 수 있었다.

어렵사리 잡은 기회를 놓치지 않은 강현무는 당당히 포항 스틸러스의 주전을 꿰찼고, 연령별 대표팀에도 승선했다. 그는 2018년 아시아축구연맹 U-23 챔피언십 본선에서 모든 경기에 출전해 입지를 다졌다. 하지만 행운은 거기까지였다. 2018년 러시아 월드컵에서 활약해 일약 스타덤에 오른 조현우가 자카르타-팔렘방 아시안게임 와일드카드로 합류하며, 강현무는 밀려났다. 강현무는 "대표팀 합류를 확신하고 있었기에 충격이 컸고 많이 힘들었다. 그 후 리그에 집중하고 경기에 임하면서 다시 정신을 부여잡을 수 있었다"고 했다.

마음을 다잡고 2019년 시즌에 돌입한 그에게 이번엔 부친상의 슬픔이 찾아왔다. 그는 "무명 시절을 버텨올 수 있던 건 가족 덕이었다"고 했다. "어릴 때부터 날 믿고 내가 잘되는 모습을 늘 보고 싶어 하던 아버지는 존재만으로도 내게 동기부여가 됐다. 그래서 아버지가 돌아가신 이후 프로 선수답게 경기에 집중해야 했지만 쉽지 않았다." 지병이 있던 아버지의 병세가 악화됐다는 소식을 접하지 못한 상태에서 급작스레 찾아온 이별이었기에 충격은 좀처럼 가시지 않았다. "그땐 축구를 하고 싶은 마음도 없고 쉬고 싶다는 생각만 드니 경기력이 나올 수가 없었다." 시즌 막바지에 경기력을 되찾아 마지막 경기에서 대활약을 하며 우승을 목전에 두고 있던 울산 현대를 저지하기도 했지만 아쉬움은 가시지 않았다.

수많은 고비 끝에 강현무는 2020년 뛰어난 실력으로 자신의 존재감을 각인시켰다. 특히 울산 현대와의 FA컵 4강전 승부차기 상황에서 조현우 앞에서 보여준 자신감 넘치는 모습이 인상적이었다. 강현무는 울산 현대의 공을 막을 땐 가슴을 치거나 폴짝폴

포항 스틸러스의 골키퍼 강현무. **사진** 한국프로축구연맹

짝 뛰며 기뻐했고, 직접 키커로 나섰을 땐 깡충깡충 달려와 조현우의 심기를 건드리기도 했다. 강현무는 "경기를 즐기다 보니 나온 행동이다. 페널티킥을 찰 때도 (조현우를 의식해서가 아니라) 평소처럼 찼을 뿐"이라고 해명했다.

자신의 도드라진 행동에 대해 강현무는 "다른 사람들이 솔직히 정상은 아니라고 하기는 한다"며 웃어 보이면서도 "난 나와 내 실력을 믿기에 자신이 있다"고 말했다. 그는 "이렇게 자신의 가치를 중요하게 생각하는 선수가 되고 싶고, 애써 감정을 숨겨 평범한 선수가 되고 싶지는 않다"고 소신을 밝혔다.

원두재의 방문에 붙은 '원주재' 뜻은?

2020년은 원두재에게 잊지 못할 해였다. 일본 J리그 무대를 떠나 울산 현대에 입단함으로써 K리그에 발을 들인 그는 곧바로 1월 아시아축구연맹 U-23 챔피언십에서 한국의 우승을 이끌며 MVP로 뽑혔다. 또 파울루 벤투 감독이 이끄는 국가대표팀에도 발탁됐다. 10월 벤투호와 김학범호(올림픽 대표팀)의 이벤트 매치 때는 벤투 감독의 부름을 받았고, 11월 오스트리아 원정에 동행해 A매치 데뷔전도 치렀다. 12월엔 울산 현대의 아시아축구연맹 챔피언스리그 우승도 함께 일궈냈다.

특히 초호화 군단으로 불리는 울산 현대에서 빠르게 존재감을 드러냈다. 수비형 미드필더인 그에게 김도훈 감독은 '역습 대비'와 '활발한 빌드업 참여'를 주문했는데, 원두재는 지휘에 따라 중원에서 수비를 도우면서 공격 빌드업의 단초를 만들어내왔다. 원

울산 현대의 원두재가 2020년 9월 울산 현대 클럽하우스에 있는 구단 우승 트로피 앞에서 포즈를 취하고 있다. **사진 오지혜**

두재가 중앙에서 뿌리는 패스는 상대에겐 큰 위협이 된다. 22세 이하 의무 출전 규정의 영향권에 들지 않는데도 뛰어난 자원이 많은 울산 현대에서 주전급을 차지한 점도 이를 방증한다.

187센티미터의 장신인 원두재는 기성용과 닮았다는 이야기를 듣곤 한다. 원두재는 "체격 조건이 비슷해 그렇게 이야기하는데, 물론 감사하지만 경기 스타일에서는 차이가 있는 것 같다. 기성용 선배는 킥이나 빌드업을 잘하고, 난 수비 쪽에 집중하는 스타일"이라고 설명했다. 그러면서 한참을 생각하더니 "댓글을 가끔 보는데, 정우영 선배와 더 비슷한 것 같다고 하더라"고 덧붙였다.

어린 나이에 큰 역할을 맡아 부담스러울 법도 하지만 원두재는 "공을 많이 받으면 재미있고 상대의 압박을 잘 풀어내면 기분도 좋아서 부담감보다는 즐거움이 크다"고 했다. 그러나 스스로 잘하고 있다거나 만족스럽다고 생각해본 적은 없다. 원두재는 "그런 생각을 하기보다는 좋은 선수들과 경기를 하다 보니 많이 성장한 것 같다"고 자평했다. 그를 강하게 키우는 팀 선배들의 영향도 있다. 원두재는 "형들이 농담 삼아 주재(주제)라고 부르기도 한다. 밖에서 잘 봐주니 뭐라도 되는 것 같지만 주제 파악을 하라는 의미"라며 웃어 보였다. 실제 원두재의 방엔 '원주재(주제)'라는 명패가 달려 있다. 스스로 떼지 않는 이유는 항상 겸손한 마음을 잃지 않기 위해서다.

현역 복귀한 조원희
"'차박'이 격려한 현역 복귀, 서정원이 불 지폈죠"

누군가는 그를 흘러간 선수, 누군가는 그를 공을 잘 차는 유튜 버로 기억한다. 2020년 시즌 중간에 K리그2에서 수원FC의 유니 폼을 입고 현역으로 복귀한 조원희의 얘기다. 10~20대 축구 팬들 에겐 유튜브 채널 '이거해조 원희형'의 운영자로 더 친숙한 그가 현역 복귀를 택하자 선배들의 응원이 이어졌다. 대표적인 인물이 차범근 전 축구대표팀 감독과 '영원한 캡틴' 박지성이다. 조원희 가 유튜브에서 '한국 축구 레전드'라 불리는 이들보다 자신이 위 라며 농담 삼아 내뱉었던 '조차박'의 '차박'으로부터 응원을 받은 셈이다.

조원희는 수원FC에 입단할 당시 인터뷰에서 "현역에 복귀하 고 차범근 감독님과 박지성, 이영표 선배로부터 '남들이 하지 못 한 걸 해내고 있는 것'이라는 응원 메시지를 받아 힘이 났다. 앞으

2020년 8월 1일 수원FC에 영입되고 처음 선발로 나선 조원희가
수원종합운동장에서 열린 안산 그리너스와의 경기에서 뛰고 있다. **사진** 한국프로축구연맹

로 더 잘할 수도 있고 힘든 상황이 올 수도 있지만 극복하겠다"고
다짐을 전했다. "아직은 다른 선수들의 도움을 받는 입장인데 최
대한 빨리 몸을 끌어올려 선수들의 짐을 덜고 도움을 주고 싶다.
오로지 팀의 승격만 바라보며 노력하겠다."

조원희는 한때 아드보카트의 황태자로 불리며 2006년 독일 월
드컵과 도하 아시안게임을 경험한 베테랑 수비수다. 프리미어리
그의 위건 애슬래틱, 중국 광저우 헝다, 우한 쭤얼, 일본 J리그의
오미야 아르디자까지 두루 경험했다. K리그에선 지난 2002년 울
산 현대에 입단한 이후 광주 상무, 수원 삼성, 경남FC, 서울 이랜
드를 거치며 2018년 은퇴할 때까지 291경기에 출전했다. 참 많은
리그와 구단을 거친 선수다.

그런 그는 2018년 수원 삼성과의 재계약이 어려워지자 '박수

칠 때 떠나자'는 마음으로 은퇴를 선언했다. 그러나 쉬는 내내 경기장의 잔디 내음이 그리웠다. 그럴 때 그가 품은 열정을 끄집어낸 건 서정원 전 수원 삼성 감독이다. 사연은 이랬다. "서감독님도 나처럼 자유로운 시간이 생겨 서로 연락할 일이 많았는데, 내게 '선수로서 잠재력이 분명히 있다. (현역에) 복귀할 수 있다면 무조건 하라'고 얘기했다. 서감독님이 한 얘기가 현실이 됐다는 게 꿈만 같았다."

복귀 과정이 쉽지만은 않았다. "김도균 감독님과 소통하는 과정에서 열정을 전했고, 감독님은 내 열정과 몸 상태를 확인하고 싶은 것 같았다. 울산대 축구부와의 연습경기에 출전해 70분가량 뛰었고, 그 뒤로 초조하게 연락을 기다렸다." 일종의 입단 테스트를 마치고 이삼 일 뒤 그는 구단의 '합격 통보'를 받았다. 1년 8개월 만의 컴백이었다.

2020년 시즌은 해피 엔딩이었다. 그가 소속된 수원FC는 리그 2위를 차지한 뒤 플레이오프에서 경남FC를 제치고 1부 리그로 승격했다. 조원희는 비록 입단해 2경기밖에 뛰지 못했지만, 풍부한 경험에 토대해 그라운드 안팎에서 코치진과 선수들 사이의 가교 역할을 충분히 해냈다는 평가를 받았다. 그는 승격하면 유스팀에 발전기금을 기부하겠다는 승격 공약을 지키고 두 번째 은퇴를 선언했다.

'회춘 글로리' 김영광

"경력은 20년, 몸 상태는 20대"

"운동할수록 몸이 빨라지고 가벼워지는 게 느껴져요. 정말 20대 때 같아요."

2021년으로 20년차 K리거가 됐다. 성남FC의 골키퍼 김영광은 20년 동안 뛰고도 크게 지치지 않는 자신의 몸이 신기하다. 30대 후반이 된 그는 2020년 6월 7일 대구FC와의 경기에서 K리그 통산 500번째 경기에 출전했다. 팬들도 그를 '회춘 글로리(영광)'라고 부르며 그의 젊어진 모습을 반겼다.

김영광은 "매 경기에 최선을 다해왔는데, 벌써 20년이 되고 500경기를 달성했다. 스스로 생각해도 '영광'스럽다"고 말했다. 또 평소 '팬 프랜들리'로 유명한 그답게 "언제가 마지막이라고 정해놓지 않고 매 경기 최선을 다해 팬들에게 즐거움을 주도록 하겠다"고 고마움을 전했다.

성남FC의 골키퍼 김영광이 2020년 5월 서울월드컵경기장에서 열린 FC서울과의 경기에서 공을 잡고 있다. **사진** 한국프로축구연맹

사실 2020년 초반까지만 해도 이런 시간이 올 줄 몰랐다. 5시 즌 동안 몸담고 있던 K리그2 서울 이랜드와 결별하고 갈 곳이 정 해지지 않았기 때문이다. 그는 "서울 이랜드는 팀을 다시 꾸리면 서 젊은 선수 위주로 가닥을 잡았고, 나도 그 뜻을 받아들였다. 그 후 마지막으로 도전하고 싶다는 생각에 다른 팀을 알아보면서 개 인 훈련을 해왔다"고 설명했다.

이때 성남FC가 손을 내밀었다. 당시 성남FC는 팀을 떠난 김 동준의 자리를 메워야 했다. 김영광은 "내가 꼭 필요하다면서 손 을 내밀더라. 많은 나이인데도 나를 믿어준 팀에 감사했다"고 했 다. 팀 분위기도 좋았다. "우리는 눈빛만 봐도 서로 안다. 김남일 감독님의 비장한 눈빛을 보면 선수들이 다 무슨 말인지 안다."

성남FC의 손을 잡은 김영광은 펄펄 날았다. 2020년 5월 광주

K리그를 읽는 시간 2

FC와의 개막전부터 슈퍼세이브를 이어간 그는 자신의 경험에 백민철 골키퍼코치의 조언을 더해 '무적'이 됐다. 그는 "백코치님의 경험에서 나온 조언이 내게 더해지고 훈련을 많이 하다 보니 대처 능력이 좋아진 것 같다"고 했다. 또 "나이가 들면 속도가 느려지고 점프도 잘되지 않는 게 보통인데, 요즘은 반대"라면서 "팀 막내가 '형은 그 나이가 아닌 것 같다'고 할 때 뿌듯하다"며 멋쩍어했다. 그러면서 "(나이가 있어) 몸에 좋다는 걸 많이 먹는다. 특히 몇 년 전부터 홍삼을 챙겨 먹고 있다"고 조심스레 회춘 비결을 밝혔다.

김영광의 활약에 힘입어 성남FC는 2020년 시즌 최종전에서 K리그1 잔류를 확정했다. 김영광의 기록은 2021년에도 계속된다. "팀이 하위권에 있을 때 개인적으로 상을 받으니 민망하기도 하고 미안하기도 했다. 개인에게 주는 상은 필요 없으니 팀이 잘됐으면 한다"고 했다. 끝으로 앞으로도 팀이 좋은 성적을 내는 데 도움이 될 것을 다짐했다.

이병근 대구FC 감독

"승리 비결? 우린 힘들어도 한 발씩 더 뛴다"

1부와 2부 리그를 오가던 대구FC는 이제 K리그1의 강자가 됐다. 2020년 시즌만 해도 대구FC는 5월까지 그리 위협적인 상대가 아니었지만 갈수록 강호의 면모를 찾아가며 시즌을 5위로 마쳤다. 팀 사상 최초로 아시아축구연맹 챔피언스리그에 출전한 2019년에 이어 2021년에도 같은 무대에 진출하면서, 이제 명실상부한 K리그 대표 클럽으로 자리매김한 모습이다.

이병근 감독은 팀의 '위닝 멘탈리티'를 확실히 느낀다. 특히 2020년 초반엔 대구·경북 지역에 급속도로 확산한 코로나19의 여파로 다른 팀과의 연습경기를 진행하지 못해 초반에 어려움을 겪었지만, 후반으로 갈수록 팀의 색깔을 찾아갔다. 이감독이 생각하는 변곡점은 2020년 5월 4라운드 상주 상무와의 경기다. 그는 "상무전 후반부터 변화가 있었다. 선수들이 다 같이 이기려 하고

이병근 대구FC 감독이 2021년 2월 동계 전지훈련지인 경남 남해 미조공설운동장에서 지도에 임하고 있다. **사진** 한국프로축구연맹

'할 수 있다'는 생각을 갖기 시작했다"고 했다.

"2019년 시즌에도 드러났지만 대구FC는 상대의 공격 찬스를 끊어 빠르게 역습하는 '카운터 어택'이 장기다. 선수들이 힘든 상황에서도 이기려는 마음을 먹으니 장점도 살아나고 승리를 향한 희망도 함께 보였다."

대구FC는 특히 경기 후반에 강한 모습을 보여주고 있다. 2020년 시즌에 성공시킨 득점들 가운데 상당수가 후반에 나왔다. 이감독은 "사실 대구FC가 다른 팀보다 기술이 뛰어나거나 선수 개인별 역량이 좋은 팀은 아니다. 승리를 위해선 한 발 더 뛰어야만 한다"고 득점 비결을 밝혔다. "그래서 체력 훈련을 많이 하는 편인데, 모두가 지치는 후반전에도 선수들이 힘을 내다 보니 효과가 잘 드러나는 것 같다."

선수들 사이에 믿음도 굳건하다. 이감독은 "특히 세징야를 믿는 마음이 컸다"고 했다. "세징야가 상대편 골대 근처에서 패스를 받으면 공을 지켜낼 수 있다고 믿는 까닭에, 뒤에 있던 공격수들이 자신 있게 달려들어 득점 찬스를 만들고 실제 득점으로도 연결하고 있다." 그러면서 "세징야나 에드가뿐 아니라 다른 선수들도 함께 공격포인트를 더 따낸다면 상대가 정말 두려워하는 존재가 될 것 같다"고 덧붙였다.

무더운 여름에 치르는 경기에서도 대구FC는 힘을 발휘했다. 대구는 아프리카처럼 덥다는 의미에서 '대프리카'라고도 불리는데, 대구FC 선수들은 평소 대구에서 훈련하면서 더위에 점점 강해질 수 있었다. 이감독은 "수원 삼성에서 코치를 맡던 시절, 대구가 너무 더워서 대구 원정 경기를 가장 하기 싫을 정도였다. 홈 팀은 확실히 더위에 적응돼 있는 덕에 홈구장을 상대의 '무덤'으로 만들 수 있다"며 자신감을 내보였다.

'리얼 블루' 박건하 수원 삼성 감독

"선수들에게 열망을 봤다, 우승 목표로 달릴 것"

수원 삼성은 2020년 11월 아시아축구연맹 챔피언스리그에서 우승한 울산 현대만큼이나 강렬한 인상을 남겼다. 2020년 시즌 초반엔 연패를 거듭하며 11위까지 떨어져 강등 위기에 내몰렸다. 벼랑 끝에 선 팀을 다시 뭉치게 한 이는 박건하 감독이었다. 박감독은 1996년 수원 삼성 창단식에서 선수 대표로 결의문을 낭독했던 창단 멤버로, 수원 삼성의 황금기를 이끌었다. 창단 첫 골도 그의 발끝에서 나왔다. 2020년 9월 사령탑으로 친정에 돌아온 박감독은 선수들에게 잊혔던 '수원 정신'을 다시 불어넣었다. 박감독이 선임된 직후부터 팀은 4승 2무 2패로 선전했다. 결국 8위로 1부 리그 잔류에 성공했고 아시아 챔피언스리그에서도 8강을 달성했다.

챔피언스리그를 마치고 돌아온 2020년 12월 경기 용인에 있는 클럽하우스에서 코로나19 확산 방지를 위해 자가 격리 중인 박건하 감독과 통화했다. 그의 '슬기로운 자가 격리'는 감독실에서 진행됐다. 박감독은 "이전 경기를 꾸준히 되돌아보면서 선수단 구상을 고민하고 있다"고 했다. "최근 수년 사이 일본, 중국 팀들이 투자를 많이 하고 K리그 팀들이 밀리는 분위기가 있었던 건 사실이다. 이번 대회에서 그런 열세를 제대로 씻은 것 같다." 중국 무대에서 코치 생활도 했던 그는 "사실 중국, 일본 팀들과 붙었을 때 이젠 크게 지지 않을 거라고 생각했는데, 그게 현실이 됐다"며 기뻐했다.

수원 삼성은 카타르에서 치른 조별리그 잔여 경기에서 한 차례도 지지 않으며 같은 조의 광저우 헝다를 끌어내리고 16강에 진출했다. 이어 16강에서 2019년 J리그 우승팀인 요코하마 마리노스에 3대 2 역전승을 거뒀다. 8강에서 붙은 비셀 고베와의 경기에서는 전반 38분에 김태환이 퇴장을 당한 가운데서도 전후반 90분을 무승부로 마치고 승부차기까지 경기를 끌고 가는 저력을 보였다.

"카타르에서의 첫 경기인 광저우전의 결과에 따라 남은 경기의 운영이 달라지는 상황이었다. 다행히 광저우전에서 비기면서 선수들이 더 높은 곳을 바라보고 갈 수 있었다. 광저우전에서 패하면 탈락이 확정되는데, 강한 팀을 상대로 승점을 따내면서 선수들이 자신감을 많이 얻었다. 특히 요코하마전에서 역전승을 거두면서 '우리도 할 수 있다'는 생각이 커진 것 같다." 같은 조에 편성됐던 조호르 다룰 탁짐(말레이시아)이 정부 방침에 따라 출전을

수원 삼성의 박건하 감독이 2021년 2월 경남 거제 거제스포츠파크에서 선수들의 훈련을 지휘하고 있다. **사진** 수원 삼성

포기한 것도 행운이라면 행운이었다.

2020년 아시아축구연맹 챔피언스리그에서 8강에 오름으로써 얻게 된 가장 큰 소득은 '수원 삼성은 약한 팀'이라는 이미지를 깬 것이다. 박감독은 "수원 삼성의 선수들이 2020년 시즌에 열심히 하지 않은 건 결코 아니었다"고 했다. "부임해서는 전방부터 압박을 해가며 적극적인 경기를 펼쳐달라고 요구했는데, 이를 통해 승리하는 걸 목격하면서 선수들의 사기가 높아진 것 같다." 특히 이번 챔피언스리그에서의 활약은 젊은 선수들에게 큰 경험이 될 것이라는 게 박감독의 생각이다. "국제 무대에서 직접 활약한 선수뿐 아니라 경기를 뛰지 않은 어린 선수들도 수원 삼성이 해내는 모습을 목격하면서 많은 걸 느꼈을 것이다."

수원 삼성의 레전드로 꼽히는 박감독이지만, 엄밀히 그가 선수 생활을 할 때의 수원 삼성과 지금의 수원 삼성은 무게감이 다르다. "과거에 비해 줄어든 구단의 지원은 현실적으로 받아들여야할 부분이라고 생각한다. 명가 재건이라는 거창한 목표를 내걸기보다는, 챔피언스리그 때처럼 선수들이 끝까지 최선을 다하고 열심히 뛰는 모습을 팬들에게 보여주고 싶다." 성과를 내는 목표도일단 현실적으로 잡았다. 박감독은 "그간 팬들이 힘들고 마음 아팠던 날들이 많았던 것 같다. 먼저 파이널 A(1~6위) 진출을 위해노력하고, 더 나아가서는 한 번 더 챔피언스리그에 출전할 수 있도록 준비하겠다"고 했다.

2021년 1월 제주에서 1차 동계 전지훈련을 마무리한 수원 삼성은 2월부터 경남 거제로 자리를 옮겨 2차 전지훈련을 진행했다. 1차 훈련이 체력 보강 위주였다면, 2차 훈련에선 연습경기 등을 통해 전술을 가다듬었다.

팀 분위기는 최상이다. 하지만 전망이 밝기만 한 것은 아니다. 구단의 재정 상황이 좋지 않아 겨울 이적 시장에서 큰 움직임을 보이지 못했기 때문이다. 엎친 데 덮친 격으로, 박감독의 새 시즌 구상에 있던 박상혁과 명준재도 김천 상무에 입대했다. 그나마 다행스럽게도 우로시 제리치를 영입했다. 제리치는 2020년 시즌 부상을 입어 부진했지만, K리그에 데뷔한 2018년 시즌에는 36경기 24골 4도움을 기록했던 골잡이다. 챔피언스리그를 통해 더욱 성장한 김태환 같은 젊은 선수들의 활약도 기대된다.

'복덩이' 한석종
"수원 삼성은 우승권으로 가야 할 팀"

"수원 삼성으로 옮기게 됐다는 소식을 듣고 경기를 많이 찾아보면서 내가 어떤 역할을 하면 좋을지 상상했어요. 그런데 와서보니 정말 나와 잘 맞는 팀이더라고요."

수원 삼성 팬들에게 미드필더 한석종은 '복덩이'로 통한다. 우연인지 필연인지, 2020년 시즌 중반까지 강등 위기에 놓였던 수원은 8월 한석종이 온 이후 상승세를 거듭했다. 데뷔전도 승리했고, 강원FC와의 경기에서는 결승 헤딩 골을 넣으며 새로 부임한박건하 감독에게 첫 승리를 안겼다. 아시아축구연맹 챔피언스리그 16강전에서 요코하마 마리노스와 만났을 때는 50미터 쐐기골을 터뜨리며 팬들의 가슴에 '수원맨'으로서의 존재를 각인했다.이 모든 것이 이적한 지 석 달여 만에 일어난 일이다. 그는 적응이랄 것도 없이 팀에 녹아들었다.

수원 삼성의 한석종이 2020년 11월 말 아시아축구연맹 챔피언스리그에 출전해 카타르 도하에서 경기에 앞서 훈련하고 있다. **사진** 한국프로축구연맹

경남 거제의 전지훈련장에서 만난 한석종은 겸손했다. "감사할 뿐"이라고 말하는 그의 표정엔 수원 삼성에 대한 애정이 넘쳐났다. "사실 내가 와서 한 것은 별로 없어요. 타이밍도 맞고 운도 많이 따른 것 같아요." 2020년 시즌 후반에 명가 재건의 가능성을 보여준 '리얼 블루' 박건하 감독이 새 사령탑에 오른 건 한석종이 이적한 지 열흘 만이었다. 벼랑 끝까지 몰린 선수들도 모두 다시 시작하는 분위기였다.

새로 시작하려는 수원 삼성과 막 제대한 한석종은 너무 잘 맞았다. 팀에서 원하는 역할도 본인이 자신 있게 여기는 포지션이었다. 한석종은 "감독님이 중심을 잡고 선수들도 수원 삼성의 정신을 더 인지하면서 응집력이 생겼죠. 시너지 효과가 발휘돼서 좋은 결과가 나온 것 같아요"라며 당시를 회상했다.

K리그를 읽는 시간 2

2020년 상주 상무에서 제대한 후 자유계약선수(FA)가 된 한석종에게 8개 구단이 관심을 보였다고 한다. 그는 고민하지 않고 수원 삼성을 택했다. 어릴 적부터 수원 삼성의 팬이었고, 프로 선수가 된 이후에는 수원 삼성의 유니폼을 입는 게 목표였다. "옛날부터 빅 클럽인 수원 삼성에 대한 동경이 있었어요. 원정 경기를 와서는 수원 삼성의 관중들에게 압도되는, 그런 느낌도 받았죠. 수원 삼성에서 홈경기를 뛰는 상상을 많이 했어요."

한석종은 원래 한 팀이었다는 듯 수원 삼성의 중원을 책임졌다. 같은 포지션이자 룸메이트가 된 박상혁과는 금방 단짝이 됐다. 클럽하우스에 처음 들어왔을 때부터 같은 방을 배정받았고, 아시아축구연맹 챔피언스리그 원정 때도 함께했다. 박상혁은 그 후 김천 상무에 합격하면서 팀을 떠나게 됐다. 한석종은 "항상 붙어 지내면서 서로 챙기던 친구라 아쉽기도 하지만 본인한테는 잘된 일이라고 생각한다. 한 단계 성장하려면 군대를 빨리 갔다 오는 게 좋다고 얘기해줬다"고 했다.

한석종에게도 수원 삼성은 '복덩이'인 듯하다. 한석종은 수원 삼성에 들어와 꿈에 그리던 아시아축구연맹 챔피언스리그 무대도 밟았고, 2020년 12월에는 결혼에 골인했다. 평소 축구를 즐기지 않던 장인과 장모도 챔피언스리그에서 활약하는 모습을 보며 기뻐하고 아내는 눈물까지 흘렸다는 얘기를 듣곤 선수로서의 사명감도 커졌다. 2021년엔 아빠가 될 예정이라 가장으로서의 책임감도 더 커진다.

그는 수원 삼성에서 우승 트로피도 한번 노려볼 참이다. 그는

"하루하루, 한 경기 한 경기 최선을 다하면 결과도 따라오지 않겠어요"라며 미소를 지었다. "감독님이 첫 미팅에서 수원 삼성은 꼭 우승해야 하는 팀이라고 강조했어요. 나도 수원 삼성이 충분히 그런 실력을 갖고 있고 할 수 있는 팀이라고 생각해요. 우리는 우승권으로 가기에 '적합한' 팀이에요."

조성환 인천 유나이티드 감독

"홈 승률을 높이겠다, 만원 관중이 목표"

인천 축구가 조성환 감독 체제에서 본격적인 새 출발을 한다. 2020년 8월 초 광주FC와의 14라운드까지 단 1승도 거두지 못한 채 승점 5에 그치며 일찌감치 강등 1순위로 꼽혔던 인천 유나이티드를 맡은 그는, 27라운드까지 13경기 동안 무려 7승을 거두는 '매직'으로 K리그1에 팀을 잔류시켰다. 시즌을 마친 뒤 전력 강화에 집중한 조감독은 무엇보다 홈 승률을 높이겠다는 각오를 다졌다. 달갑지 않은 '잔류왕'이라는 꼬리표를 떼어내고, 팬들이 보는 동안 가슴 졸이지 않는 축구를 펼치겠다는 게 그의 다짐이다.

동계 전지훈련 중에 만난 조감독은 "가장 먼저 팀의 리빌딩에 신경을 많이 쓰고 있다"고 했다. "구단 재정이 허락하는 한에서 노력했고, 나와 스태프들이 소통을 통해 최선의 결과를 만들어내려 노력했다." 2020년 시즌까지 임대 신분이던 수비수 오반석을 완

조성환 인천 유나이티드 감독이 2020년 8월 29일 상주시민운동장에서 열린 상주전에서 선수들에게 지시하고 있다. **사진** 한국프로축구연맹

전 영입했고, 포항 스틸러스의 원클럽맨 김광석도 영입했다. 외국인 선수 가운데에선 아길라르, 네게바, 델브리지를 영입했고, '에이스' 무고사를 붙잡았다.

2021년 시즌을 앞두고 달라진 가장 눈에 띄는 변화는 오랜 시간 J리그에서 활약해온 국가대표 출신 수비수 오재석을 영입한 것이다. 2013년 감바 오사카로 이적한 후 줄곧 일본 무대에서 활약했던 오재석은 2020년부터 몸담은 나고야 그램퍼스에 잔류할 가능성이 높았지만, 재계약을 조율하던 중 조감독의 구애를 받아들인 것으로 전해졌다. 조감독은 "리빌딩의 첫 단추가 오재석이었다"고 말했다. "해외 무대에서 수비수로 오랜 시간 활약하면서 팀내 구심점 역할을 잘하고 있다고 생각했고, 우리 팀에서 리더십을 발휘할 선수라고 판단했다."

어느덧 한국 나이로 마흔이 다 된 김광석의 활약도 그는 기대한다. 조감독은 "김광석의 선수 생활에 대한 의지를 봤고, 실제 전지훈련 기간 중에 보면 그는 존재만으로도 다른 선수들에게 귀감이 되고 있다"고 말했다. 다만 주축 수비 라인의 연령대가 높다는 점, 그리고 선수층이 두텁지 않은 점은 여전히 약점이다. 조감독으로서도 선택과 집중이 필요하다는 얘기다.

조감독은 시즌 초반에 승부수를 걸면서 시즌 전체적으로는 홈 승률을 높이겠다는 전략을 세웠다. 2020년 시즌에 인천 유나이티드는 홈에서 3승 3무 7패, 9득점 17실점을 기록했다. 홈 승률은 34.6퍼센트로 원정 경기 승률(39.3퍼센트)보다 낮다. "홈 승률을 높여 열정적인 인천 유나이티드 팬들에게 감동을 안기고 싶다. 총 38라운드 중 33라운드가 끝날 때까지 파이널 A에 남겠다는 목표로 뛰려 한다." 또 하나의 목표는 만원 관중이다. 조감독은 "홈 팬의 만족도 상승과 코로나19 종식, 이 두 가지 모두 이뤄지기를 바라는 마음"이라고 했다.

'승격 청부사' 남기일, 도전! '우승 청부사'

　'승격 청부사' 남기일 제주 유나이티드 감독이 이제 '우승 청부사'에 도전한다. 2020년 시즌 제주 유나이티드를 K리그2 정상에 올려놓으며 승격을 이끈 그는 공공연히 "제주는 정상을 향해 뛴다"며 내심 K리그1 우승에 도전할 뜻을 전해왔다.

　2021년 시즌 개막을 앞두고 제주 유나이티드 클럽하우스에서 만난 남기일 감독은 "K리그1 승격은 제주 유나이티드의 목표점이 아닌 과정이라고 생각한다. 구단이 원하는 목표와 방향성을 함께 이루기 위해 노력 중"이라고 했다. 그 목표와 방향성에 대해 묻자 그는 "승격에 만족하지 않고, K리그1 정상을 향해 가는 것"이라고 당당히 말했다.

　다만 급한 걸음은 아니다. 2021년 시즌엔 기존 선수들을 지키면서 실력을 끌어올리고 조직력을 가다듬어 승부를 보겠다는 계

남기일 제주 유나이티드 감독이 2021년 2월 서귀포 클럽하우스에서 포즈를 취하고 있다.
사진 김형준

획이다. 여기에 외국인 선수 농사만 성공한다면 잔류 이상의 성적
은 충분히 기대해볼 만하다고 평가한다. 남감독은 "2020년에 뛴
스쿼드(선수단)에 대한 신뢰가 있고, 선수들 가운데 모난 선수 없
이 하나같이 열심히 뛰었다. 기본적인 원칙은 기존 선수들과 함께
가는 것"이라고 했다.

제주 유나이티드는 승격한 후 이창민과 안현범 같은 주축 선
수를 잡고, 국내 선수 가운데서 광주FC에서 남기일 감독과 호흡
했던 여름을 영입했다. 남감독은 "외부 선수를 많이 영입해 선수
의 질을 높일 것이냐, 기존 선수들의 성장에 중점을 둘 것이냐를
두고 고민했는데, 이번엔 기존 선수들의 성장이 먼저라고 생각하
고 있다"고 했다. "선수들도 함께 고생해 얻어낸 성과를 같이 누리
고 보상과 많은 기회를 받아야 한다는 생각을 갖고 있다."

일단 험난한 K리그2 승격 경쟁 구도에서 탈출한 그는 잠시 지난날을 돌아봤다. "K리그2 경기력이 점점 K리그1을 따라가는 상황이고 전력 격차도 계속 줄어들면서 K리그2에서 뛰는 재미도 더욱 커졌다. 우리 또한 K리그1에 오르기 위해 상당한 노력을 했다." 해외 전지훈련길이 막혀 2020년 겨울 줄곧 제주에만 있었던 그는 "개막 전엔 울산으로 넘어가 연습경기를 하며 원정 경기 일정에 대한 적응도 할 것"이라고 했다.

정정용 서울 이랜드 감독
승격 위한 열쇠, "득점력을 높여라"

2018년, 2019년 시즌 연이어 K리그2 최하위를 기록한 서울 이랜드는 2020년 시즌을 앞두고 2019년 국제축구연맹 U-20 월드컵에서 한국을 준우승으로 이끈 정정용 감독을 선임했다. 정감독 체제에서 체질 개선에 성공한 서울 이랜드는 2021년 시즌엔 승격을 노린다. 정감독은 "2020년이 도전의 해였다면, 2021년은 도약의 해"라면서 플레이오프 진출 문턱에서 좌절한 2020년의 아픔을 되풀이하지 않겠다는 각오를 전했다. 특히 2020년에 부족했던 득점력을 끌어올리기 위해 공격 다변화에 방점을 뒀다.

2021년 시즌을 앞두고 동계 훈련지인 제주 서귀포에서 만난 정감독은 "2020년에 쌓은 확신과 신뢰에 토대해 2021년엔 승격에 도전하겠다"고 다짐했다. 서울 이랜드는 2020년 시즌 마지막까지 플레이오프 진출을 다툰 강호로 거듭났다. 승리하면 플레이

서울 이랜드의 공격수 레안드로(왼쪽)와 정정용 감독이 2021년 2월 제주 서귀포 켄싱턴리조트에서 시즌에서의 활약을 다짐하고 있다. **사진** 김형준

오프 진출이 가능했던 전남 드래곤즈와의 최종 라운드에서 1대 1로 비기며 5위에 머물렀지만, 3위 경남FC, 4위 대전 하나시티즌과 '승점 39' 동률을 이루며 경쟁력을 입증했다.

아쉬운 점은 역시 2020년 시즌 플레이오프 좌절의 원인이 된 골 결정력 부족이다. 레안드로가 10득점을 기록하며 시즌 베스트 11에 선정되기는 했지만, 시즌 총 득점이 33점에 그쳐 경남 FC(42득점)와 대전 하나시티즌(37득점)에 뒤처진 것이 특히 아쉬웠다. 정감독도 이 점을 지적했다. "상대 진영의 3분의 1 지점에 해당하는 골문 앞에 떨어지는 공은 우리가 가장 많았던 것으로 파악됐다. 하지만 마무리가 되지 않은 점이 큰 숙제였다. 이를 위해 공격 다변화를 준비하고 있다."

2020년 시즌 중간에 임대 신분이던 레안드로를 완전 영입한 서울 이랜드는 새 시즌을 앞두고 부천FC에서 뛰던 바비오 등을 영입하며 공격진을 개편했다. 정감독은 "감독으로 부임한 첫해보다 두세 번째 해가 더 낫다는 점은 어느 정도 설득력이 있다고 생각한다"고 했다. "2021년 시즌 K리그2 전체 판도를 봤을 때 김천 상무, 경남FC, 대전 하나시티즌, FC안양 등 경쟁할 팀이 많지만, 승격할 수 있다는 청사진을 그려놓고 도전해보려 한다."

주포 레안드로 역시 김감독과 같은 생각이다. 서울 이랜드로 완전 이적하게 돼 2023년까지 활약하기로 계약한 그는 "책임감도 커졌고, 팀의 미래에 대한 목적의식도 분명해졌다. 2020년에 국내 리그에 적응한 만큼 더 좋은 성적을 내기 위해 노력할 것"이라고 했다. 레안드로는 팀에서 골 결정력이 가장 좋지만 기량을 더욱 가다듬기 위해 노력 중이다. "K리그는 거칠고 템포가 빠른 무대다. 우리 팀뿐 아니라 상대 팀들도 끝까지 포기하지 않는 정신이 인상 깊었다"며 첫 시즌을 되짚어봤다.

강원FC에 잔류한 한국영

"조만간 컵 하나 들어 올리자는 이영표 대표의 진심 느꼈다"

"이영표 대표님이 '빠른 시간 안에 컵 하나 들어 올려야 하지 않겠느냐'고 말씀하는데, 구단의 미래에 대한 확신이 느껴졌어요. 그래서 더 믿음이 생겼죠."

2020년 시즌이 끝난 겨울 K리그 이적 시장에서 가장 큰 화제 중 하나는 한국영의 강원FC 잔류였다. 계약 만료를 앞둔 한국영은 국내 주요 구단뿐 아니라 일본과 중동 등지 10여 곳에서 러브콜을 받았다. 대부분 강원FC보다 훨씬 높은 연봉을 제시했다. 나이를 고려할 때 축구 선수로서의 마지막 계약일 수도 있었다. 상복이 없던 그로서는 우승 가능성이 더 높은 구단으로 이적하는게 합리적인 선택으로 보였다. 하지만 한국영은 강원FC를 택했다. 서른다섯까지 강원FC에 남기로 계약했다. 재정적 어려움 때문에 주요 선수들을 떠나보내야 했던 강원FC의 팬들은 "그래도

강원FC의 한국영이 2020년 9월 20일 강릉종합운동장에서 열린
수원 삼성과의 경기에서 뛰고 있다. **사진** 한국프로축구연맹

지킬 것은 지켰다"며 환호했다.

전지훈련 기간 동안 머물고 있는 경남 양산의 한 호텔에서 만
난 한국영은 "사실 생각이 많았고 나이 때문에 더 신중할 수밖에
없었다"고 계약 당시 상황을 설명했다. 선택지에 이적이 없었던
건 아니다. "우승하고 싶은 욕심이 있어서 우승에 근접한 팀으로
가고 싶었던 것도 사실이다"고 했다.

그랬던 한국영을 붙잡은 건 이영표 강원FC 대표이사의 설득
이었다. "좋은 선수가 있으면 돈이 있는 클럽이 이적료를 주고 사
가는 게, 어찌 보면 시·도민 구단의 현실이잖아요. 그런데 대표님
은 그렇게 생각하지 않더라고요. '2021년은 조금 어렵더라도, 그
래도 빠른 시간 안에 컵 하나 들어 올려야 하지 않겠느냐'고 말씀
하는데, 한마디 한마디 진심이 느껴졌어요. 팀을 단단하고 강하게

만들고 싶어 하는구나. 구단의 미래를 정말 소중하게 생각하는구나. 이런 게 전해졌어요. 나 역시 그런 것들에 동의했어요."

큰 부상을 당했던 2017년 10월 이후 자신을 지켜준 강원FC와 김병수 감독에 대한 애정도 재계약을 선택한 큰 이유였다. 국가대표 출신 수비형 미드필더인 한국영은 2017년 7월 강원FC에 입단하기 전까진 K리그 경험이 없었다. 일본과 카타르 등 해외 구단에서 뛰다가 군 입대를 위해 잠깐 들어온 곳이 강원FC였다. 당시 상주 상무에 입단할 생각이었지만, 큰 부상이 그를 덮쳤다. 결국 입대는 면제됐고, 강원FC는 갈 곳 없는 그에게 자리를 마련해주며 재활 치료를 도왔다.

김병수 감독을 만난 것은 치료를 어느 정도 마친 2018년 10월이었다. 팀에 합류한 한국영의 마음은 조급했다. 너무 오래 쉰 것 같았다. 빨리 컨디션을 끌어올려 경기에 나가고 싶었다. 하지만 김감독이 타일렀다. 가난하고 열악하던 시절 부상을 제대로 치료받지 못해 일찍 선수 생활을 마감해야 했던 김감독이다. 그런 김감독은 한국영 본인보다 더 지극히 그의 몸을 챙겼다. "사실 무리해서라도 빨리 복귀하고 싶었어요. 그런데 감독님은 부상당한 선수의 마음을 잘 알고 있었어요. '더 여유 있게, 완전히 낫고, 완전히 나았다는 생각이 들어도 좀 더 시간을 갖고, 더 좋아진 다음에 복귀하라'고 말씀했어요. 서두르지 말라고 진심으로 말씀하니 나도 믿음을 갖고 재활에 전념할 수 있었어요."

빌드업과 점유율로 경기를 운영하는 '병수볼'에 대한 애정도 깊다. 한국영은 "같이 축구를 하면서 나 역시도 정말 좋은 영향을 받았어요. 사실 다른 것들이 좋아도 축구와 관련해 조금이라도 아쉬움이나 불만이 있으면 다른 팀으로 옮기고 싶은 마음이 들 텐데, 나는 그런 게 없었죠"라고 했다.

한국영은 자신의 선택을 로맨스라고 표현했다. "어떻게 보면 프로라는 세계가 돈으로 움직이고, 돈 때문에 선수가 팀을 떠나기도 하고, 돈으로 선수를 데려오기도 하는데, 스포츠 안에도 어느 정도 로맨스가 있으면 좋겠다는 생각을 했어요."

팬들은 벌써부터 한국영에게 '원클럽맨', '강원의 레전드'라는 별명을 붙였다. 선수단 구성에 변화가 많아서 팀에서 고참으로 해야 할 역할도 늘었다. 한국영은 축구로 보여주겠다고 했다. "팀에게 부담을 주기는 싫어요. 공정하게 내부에서 경쟁하고 피치에 나가서는 100퍼센트 쏟아 붓는 모습을 보이는 게 우선이라고 생각해요. 운동장에서 다 증명해 보여야 해요. 최대한 높은 곳에 올라가도록 최선을 다하겠어요."

김병수 강원FC 감독, "이영표, 전적으로 믿습니다"
벌써 기대되는 강원FC '꿀케미'

"나는 이영표 대표의 시도들이 전적으로 옳다고 생각합니다. 100퍼센트 지지합니다."

2020년 시즌이 끝난 겨울 강원FC의 움직임은 예사롭지 않았다. 예산이 부족한 이 도민구단은 김지현과 이영재처럼 2020년 중요한 역할을 했던 선수들을 아쉽게 떠나보내야 했다. 하지만 거기서 그치지 않았다. 강원FC는 어느 때보다 적극적으로 영입에 나섰다. 국가대표 출신인 임창우와 김대원을 비롯해, 마사와 아슐마토프 같은 외국인 선수도 영입했다. 삼각 트레이드를 진행하는가 하면 목표한 영입이 무산되면 재빨리 플랜 B를 가동했다. 세르비아 1부 리그에서 득점왕을 차지했던 블라디미르 실라지도 합류했다. 도민구단답지 않은 공격적 영입 뒤에는 2020년 12월 취임한 이영표 대표이사의 역할이 있던 것으로 전해졌다.

김병수 강원FC 감독이 2021년 2월 동계 훈련 중에 양산종합운동장에서
선수들을 지도하고 있다. **사진** 한국프로축구연맹

　김병수 감독은 전지훈련 기간 중에 취재진과 만나 "나는 일하
기가 아주 쉬웠다"고 돌려 말함으로써 고마움을 전했다. "(이대표
가) 선수를 뽑는 것에 의견을 물으면, 나는 좋다거나 나쁘다고만
말하면 되니까." 그 덕에 동계 훈련에 더 집중할 수 있었다. 선수
유출이 많았던 만큼 혹시 의견 충돌은 없었는지 궁금했다. "원래
선수는 쓰지 않더라도 데리고 있고 싶어 하는 게 감독의 마음이
에요. 그런데 감독은 선수만 보면 되지만, 대표는 돈도 봐야 합니
다. 아주 중요한 부분이죠. 재정적으로 어려울 것 같으면 내가 대
표님의 말을 들어야 한다고 생각합니다."

　김감독과 이대표는 모두 강원 홍천 사람이다. 김감독이 일곱
살 위다. 고향 선후배 간의 서열이 회사에서 바뀌었으니 불편할
수도 있다. 하지만 김감독은 전혀 불편하지 않다고 했다. "이영표

대표도 외국에 오래 살아서 그런지 권위 의식이 없고, 나 역시 나이가 많다는 이유로 무슨 권위를 갖지는 않아요. 서로 다른 분야에서 프로답게 일을 하는 것뿐이죠. 소통은 상당히 잘돼요. 여기 와서 서로 처음 만났지만 어려움이 없습니다."

외부 평가는 '어려움이 없는' 정도로 바라보는 수준이 아니다. 축구 팬들 사이에선 벌써부터 '꿀케미'라는 말이 오르내린다. 권위를 앞세우지 않는 면이 서로 닮았다. 클럽을 한 단계 더 성장시키기 위해선 '속도'보다는 '제대로'가 중요하다는 소신이나, 강원 FC에 유소년 축구 시스템이 자리 잡아야 한다는 비전까지 똑 닮았다. "사실 올바른 일을 한다는 것은 상당히 어려워요. 그러려면 많은 협의를 거쳐야 하고 과정도 힘들기 때문이에요. 나나 이영표 대표나 생각은 같아요. 우리도 그동안 유소년 축구를 정착시키기 위해 노력했는데, 도중에 자꾸 꺾였습니다. 이대표가 생각하는 것들에 대해 나는 전적으로 옳다고 생각해요."

기대감도 숨기지 않았다. 김감독은 "이대표가 '유소년들이 1년에 적어도 100경기는 나가야 한다'고 하던데, 그 말을 듣고 깜짝 놀랐어요"라며 "감독은 경기 외적인 부분에 대해 넓게 보거나 세세히 들여다보기는 쉽지 않은데, 반면 이대표는 많은 생각을 갖고 있어요. 100퍼센트 지지합니다"라고 했다.

2021년 시즌 직전에 보여준 둘의 '케미'가 성적으로 이어질지도 관심사다. 대대적인 선수단 변화를 겪는 바람에 선수들이 너무 늦게 합류했다. 김감독은 "상당히 고민스럽습니다. 이제 겨우 모든 선수가 처음으로 모였어요. 게임 플랜을 잡고 빠르게 팀을 추슬러야 합니다. 가장 심플하게 우리가 할 수 있는 게 뭔지 고민하고 있어요"라고 말했다. 2021년 시즌 초반이 걱정인데, 공교롭게 강원FC는 2020년 시즌 1~3위 팀과 1~3라운드를 치른다. "백업 자원이 없을 수 있어요. 부상자들이나 외국인 선수가 모두 들어올 때까지는 어려울 수 있습니다. 시즌 초반에 그런 부분을 어떻게 잘 극복하냐가 중요할 것 같습니다."

2021년 시즌 김감독의 목표는 '우승을 노리는 팀'을 만드는 것이다. 상위 스플릿에 안정적으로 정착해 우승을 노리는 팀으로 만들어놓으면 언제든 챔피언이 될 수 있다는 게 김감독의 지론이다. "항상 최고를 향해 도전할 수 있는 위치, 그 정도가 되면 괜찮아요. 결과적으로 우승을 하고 못 하고를 떠나 항상 그 수준을 유지해야 합니다. 그러면 언제든 기회가 생깁니다. 한 번 잘하고 꺾이는 것은 의미가 없어요. 우리도 좀 더 높은 곳을 바라볼 수 있는 위치까지 가야 합니다."

이우형 FC안양 감독

"언제든 승격할 수 있는 팀 만들겠다"

5, 5, 6, 9, 7, 6, 3, 9. FC안양이 2013년 창단 첫해부터 2020년 까지 K리그2에서 거둔 성적이다. 최고 성적은 2019년 15승 10무 11패를 기록하며 거둔 3위다. 그 외엔 단 한 시즌도 K리그1으로 의 승격을 내다보기 어려운 위치였다. 갈수록 어려워진다. K리그 1을 경험한 팀도 많은 데다 기업구단은 물론 시·도민 구단까지 투자를 늘려가면서 '모두가 승격 후보'라는 관측이 나오는 상황에 서, 두각을 나타내지 못하는 FC안양을 향한 불안한 시선은 좀처 럼 가시지 않는다.

2021년 시즌 FC안양은 창단 사령탑인 이우형 감독에게 다시 기여를 부여했다. 창단 당시 안양을 이끌었던 이감독은 인터뷰에 서 "초대 감독을 맡았을 때와 지금을 비교하면 K리그2가 전반적 으로 선수 구성이 많이 달라졌다. 실력도 상향 평준화가 진행돼

이우형 FC안양 감독이 동계 전지훈련지인 전남 보성 벌교읍에서 선수들을 지도하고 있다.
사진 FC안양

사실상 1부와 2부 리그 간의 구분이 흐려진 모습"이라고 진단했다. 특히 2021년엔 화려한 선수 구성을 갖춘 국군체육부대(상무)가 연고지를 김천으로 옮기면서 재창단해 K리그2에 합류하는 점도 부담이다.

　이감독은 그러나 "시즌이 끝난 뒤 이뤄진 선수 영입이 만족스럽고, 포지션별 균형도 잘 잡혔다고 본다. 조직력만 갖춘다면 4강 이상도 내다볼 수 있다"며 기대했다. FC안양은 2021년 시즌을 앞두고 K리그1 무대에서 주로 뛰던 심동운, 김경중, 백동규를 영입했고, 성남FC에서 뛰던 임선영과 일본인 미드필더 다무라 료스케 등도 데려와 보강했다. 코스타리카 국가대표 출신의 조나탄 모야도 그간 용병으로 재미를 보지 못한 FC안양에 기대를 심어줄 만한 자원으로 꼽힌다.

이감독은 특히 조나탄 모야에게 큰 기대를 걸고 있다. "국내 공격 자원들과의 조합이 잘 맞고 소통이 원활히 이뤄진다면 어느 팀에서보다 큰 시너지를 낼 것"이라고 말했다. 그러면서 "내가 세운 전술을 고집하기보다 선수들의 장점을 극대화해야 경쟁력이 생긴다. 주전급 선수뿐 아니라 대체 선수의 능력치까지 끌어올려야 팀이 후반기에도 힘을 유지한다"고 강조했다.

현재로선 전지훈련에 대한 만족도도 높다는 게 이감독의 설명이다. 원래 경남 남해와 창원에서 1차, 2차 동계 전지훈련을 하려 했지만, 코로나19 확산 여파 등을 고려해 남해에서 잠시 머물다 옮겨 온 전남 보성 벌교읍에서 1차, 2차 전지훈련을 마무리할 계획이다. 2021년 시즌 첫 경기 상대가 경남FC로 결정되면서, 적진인 창원을 피하는 게 낫다는 판단이 '벌교 정착' 결정에 영향을 미쳤다고 한다.

이감독은 "FC안양은 시민의 혈세로 운영되는 팀이기에 시민들에게 행복을 주는 게 가장 큰 목표다. FC안양이 언제든 승격할 수 있는 팀이라는 인식을 팬들에게 심어주고 싶다"고 밝혔다. 또 "팬들이 경기장에 왔을 때 다음 경기에 대한 기대를 갖고 돌아가도록 해야 한다. 한번 경기장을 찾은 팬들이 꼭 다시 찾아오도록 최선을 다할 것"이라고 다짐했다.

박진섭 FC서울 감독

박진섭 FC서울 감독은 부임 첫해 기성용을 주장으로 선임했다. 젊은 선수들에게 끼치는 영향이 가장 크고 여전히 위력적인 기량을 안정감 있게 보여줄 것이라는 판단에서다. FC서울의 전지훈련지인 제주 서귀포축구공원에서 만난 박진섭 감독은 "기성용은 데이터나 기록을 봐도 몸 상태가 100퍼센트에 근접한 것으로 나타난다. (동계 훈련 기간 중) 연습경기를 많이 하는데 부상만 조심한다면 개막전부터 잘할 것이다"고 자신했다.

2021년 FC서울에서의 첫 시즌을 치르는 박감독에게 선수단은 큰 신뢰를 보내고 있다. 강압적이지 않되 확실한 철학으로 지도하는 박감독의 체제에서 많은 선수가 시즌 목표에 대한 질문에 "우승"이라고 대답했다.

선수단의 중심엔 기성용이 있다. 유럽 무대에서 10년 넘게 뛴

박진섭 FC서울 감독이 2021년 1월 동계 훈련 중에 창원축구센터에서 열린 연습경기에서 전술을 설명하고 있다. **사진** 한국프로축구연맹

경험을 가진 데다 오랜 시간 국가대표팀 주장을 맡아온 기성용이 선수단 내에서 정신적 지주 역할을 한다. 박감독은 "기성용이나 박주영 같은 고참 선수들이 솔선수범하고 어린 후배들이 잘 따르는 모습은 고무적이다. FC서울에 성장이 필요한 젊은 선수들이 많은데 이들을 잘 이끌어달라고 주문했다"고 말했다.

박감독의 얘기처럼 기성용의 컨디션은 좋다. 특히 2020년 말 아시아축구연맹 챔피언스리그에 참가하지 않고 명단에서 빠진 동안 재활과 컨디션 회복에 전념했다. 다행히도 그는 동계 전지훈련을 앞두고 건강한 모습으로 박감독 앞에 나타났고, 2021년 주장 완장을 차고 명가 재건의 꿈을 이끌 준비를 마쳤다.

박감독은 "밸런스를 갖춘 축구를 하고 싶다"고 말했다. "가능성 있는 젊은 선수들이 많아서 앞으로 팀은 더 좋아질 것이다. FC서

K리그를 읽는 시간 2

울은 강팀이 돼야 한다. 전북 현대모터스, 울산 현대와의 전력 격차를 줄이고, 장기적으로는 5~10년 후를 바라보고 지금보다 더 강한 팀을 만들겠다"고 포부를 밝혔다.

공격의 마침표, 나상호

국가대표 미드필더 나상호는 FC서울로 이적해 맞는 첫 시즌부터 '꿀케미'에 기대를 걸고 있다. FC서울 선수 대부분이 2021년 시즌의 목표가 무엇인지를 묻는 질문에 "우승"을 서슴없이 말하는 이유가 여기 있다. 광주FC에서 자신을 지도했던 박진섭 신임 감독의 부름을 받고 FC서울의 유니폼을 입게 된 나상호는 박주영 등 고참 선수들은 물론 포항 스틸러스에서 넘어온 팔로세비치와도 발을 맞추고 있다.

FC서울의 동계 전지훈련지인 제주 서귀포에서 만난 나상호는 "전북 현대모터스, 울산 현대와도 승부해볼 만하다"며 자신감을 내비쳤다. "실제 우승까지 가는 건 어렵겠지만 정상을 목표로 삼고 가면 절반은 이미 이뤄놓은 셈이라고 생각한다. 팀이 단합도 잘 되고 분위기도 좋아 그리 불가능한 목표도 아니다." 2021년 시

FC서울의 나상호가 2021년 2월 동계 전지훈련지인 제주 서귀포에서
연습 도중 기뻐하고 있다. **사진** FC서울

즌 FC서울에 입단한 그는, 전지훈련 기간 동안 2020년에 일본 J
리그 활동을 접고 합류했던 성남FC 때보다 더 좋은 몸 상태로 끌
어올렸다.

나상호는 "사실 2020년에 성남FC에 들어갔을 땐 몸 상태가
100퍼센트는 아니었다. (연초에) 한국에 돌아와서 부상과 코로나
19 확산 때문에 6개월간 거의 훈련을 하지 못했었다"고 했다. 성
남FC에 합류한 이후 몸 상태를 끌어올리면서도 팀의 강등권 탈
출 경쟁에 일조를 해야겠다는 생각에 마음까지 몹시 급했다. 다행
히 성남FC가 K리그1에 잔류하는 데 보탬이 된 뒤 FC서울로 이
적할 수 있었다.

2021년 나상호는 '확실한 한 방'을 책임질 만한 외국인 스트라
이커가 부족한 FC서울에서 맡은 역할이 크다. 공격과 측면을 오

가며 공격 기회를 만들고 때론 스스로 책임도 져야 한다. "키가 큰 편은 아니어서 제약은 있지만, 나만의 장점으로 공간을 파고들고 확실한 볼 컨트롤로 기회를 만들어야 한다. 다른 선수들과의 콤비 플레이도 완성한다면 더 위력적일 것이다."

팀 분위기는 좋다. FC서울에 와선 고참인 박주영 덕분에 적응이 빨랐다. 나상호는 "주영이형이 처음 볼 때부터 격의 없이 대해 줘 놀랐다"고 했다. "형이 먼저 다가와 말을 걸어주고 맛있는 음식도 함께 먹었다. 유럽 생활 등 지난 이야기를 들려줄 때도 재미있게 술술 풀어낸다." 물론 "MSG(조미료)도 좀 쳐서…"라며 '숨은 수다맨' 박주영의 주무기도 전했다.

2021년 시즌 개막전에서 붙을 상대는 4년 연속 K리그1 우승을 차지한 전북 현대모터스다. 울산 현대와 함께 '절대 2강'으로 꼽히는 팀이지만, 두려움은 없다. 나상호는 "전북 현대모터스의 멤버가 워낙 강하지만 경기는 뚜껑을 열어봐야 안다. 쉽게 지지는 않을 것 같다"며 자신감을 드러냈다. 개인적인 목표를 묻자 "프로 생활을 하면서 우승컵을 들어올리기가 의외로 어려운데, FC서울에서 '반전 우승'을 일궈보고 싶다. 팀에 헌신하면서도 매년 설정하는 두 자릿수 공격포인트를 꼭 달성하고 싶다"고 말했다.

끝으로 그는 해외 진출에 대한 뜻도 전했다. 2016년 광주FC에서 프로에 데뷔해 두 시즌을 뛴 뒤 2019년 J리그 FC도쿄로 이적했고 2020년 6월 국내에 복귀한 나상호는 "일본 생활은 일단 접었지만 그곳에서 짜임새 있는 플레이와 외국인 선수로서의 역할을 배웠다"며 "아직 젊으니까 해외에 진출하고 싶은 꿈은 여전히 갖고 있다"고 했다. 원하는 무대는 '절친' 황희찬(분데스리가 RB 라이프치히)이 뛰고 있는 독일이다. 무엇보다 국내 리그에서 잘해야 해외 진출 가능성도 높아진다는 걸 잘 알고 있는 그는 "그래서 FC 서울에서 이전보다 더 좋은 결과를 내고 싶다"고 말했다.

김호영 광주FC 감독
"개명 효과, 광주FC서 펼쳐지길"

김호영 광주FC 신임 감독이 "개명한 이름값을 하고 싶다"며 새 출발을 하는 다짐을 전했다. 이름을 김용갑에서 김호영으로 바꾼 뒤 K리그 감독을 맡게 된 건 이번이 처음이다. 그는 "하늘 호昊에 영화 영榮을 쓰는 새 이름은 하늘에서 내린 복을 사람들에게 나눠주라는 뜻"이라고 설명하며 "광주FC 팬들에게 축구를 보는 기쁨을 안기고 싶다"고 했다.

김호영 감독은 인터뷰에서 "광주FC는 항상 강등 경쟁을 하는 팀이라는 인식이 있었는데 2020년 6위로 마무리하면서 자신감이 붙었다. 이를 이어받아 강팀으로 만들고 싶다"고 밝혔다. "실력에 대한 의심을 떨치고 앞으론 무조건 1부 리그에서 경쟁할 팀이라는 인식을 쌓는 게 목표다. 광주FC가 선수들에게도 '한 번쯤은 꼭 뛰어보고 싶은 팀'이 되도록 노력하겠다."

2021년 시즌부터 광주FC 사령탑을 맡은 김호영 감독이 동계 전지훈련에서
선수들을 지도하고 있다. **사진** 한국프로축구연맹

　어느덧 지도자 경력 20년을 넘긴 그는 여전히 축구 팬들에겐
현재 이름보다 과거 이름이 익숙하다. 프로 시절 일화 천마(현 성
남FC)와 전북 현대다이노스에서 뛰었던 그는 2001년부터 대한축
구협회 유소년 전임지도자를 비롯해 17세 이하, 20세 이하 대표
팀 코치를 맡아왔고, 2013년에 강원FC에서 시즌 중반에 사임한
김학범 감독의 후임으로 처음 K리그 정식 감독을 역임했다.

　1부 리그가 14개 팀으로 운영되던 당시 최하위에 있던 강원FC
를 맡아 젊고 패기 있는 선수들을 적극 기용해 승승장구했다. 그
때 '용갑 매직'이라는 별명을 얻었다. 이후 김호영으로 이름을 바
꾼 뒤 FC서울의 코치를 맡았다. 2020년 최용수 감독의 후임으로
감독대행을 맡아서는 강등권으로 추락할 위기를 맞은 팀의 분위
기를 반전하며 지도력을 인정받았다.

김감독은 "축구에 매직이라는 건 없는 것 같다. 무엇보다 선수들과 같은 방향을 보고, 같은 눈높이에서 눈을 맞춰가야 함께 원하는 축구를 만들 수 있다"고 소신을 전했다. 그러면서 "전임 박진섭 감독의 지휘 아래 창단 이래 가장 좋은 성적(6위)을 기록해 부담도 있지만, 이젠 광주FC만의 색깔로 팬들에게 감동을 주는 팀을 만들고 싶다"며 청사진을 그렸다.

그는 적극적인 압박, 신속한 역습, 유연한 공격 전개, 유기적인 공수 전환까지 '네 박자'를 갖춘 축구를 약속했다. 광주FC의 유스팀인 금호고에서 선수 생활을 했던 김감독은 유소년 육성에도 적극적인 도움을 주고 싶다는 뜻을 내비쳤다. "시·도민 구단은 (재정적 뒷받침이 넉넉지 않은) 특성상 어린 선수들을 잘 발굴해 육성하는 일이 중요하다. 비단 광주FC 유스팀뿐 아니라 시간이 날 때마다 지역 내 다른 고등학교나 유소년 클럽에도 관심을 갖고 지켜보며 성장을 돕도록 노력하겠다."

2020년 스타플레이어로 거듭난 엄원상의 역할에도 큰 기대를 드러냈다. 김감독은 "모든 선수들이 열심히 준비하고 있다"면서 "스피드라는 큰 무기를 장착한 엄원상은 공이 없을 때의 움직임과 동료들을 활용한 플레이를 더 보완한다면 광주FC뿐 아니라 대표팀에서도 무럭무럭 성장할 선수"라고 평가했다. 그는 끝으로 "선수들에게 노력한 만큼의 보상이 돌아가는 환경을 만드는 것 또한 목표 가운데 하나다. 즐겁고 행복하게 운동하는 환경을 만들고 싶다"고 바람을 드러냈다.

전경준 전남 드래곤즈 감독
"스쿼드 못 갖추면 진다? 이건 아니죠"

K리그2에서 사령탑으로 부임한 첫해, 시즌 초반 경기를 벤치
가 아닌 관중석 상단에서 지켜본 감독이 있다. 선수와 가장 가까
운 위치에서 직접 소통하는 게 편할 수 있지만 그는 판세를 먼저
읽으려는 듯 상단에서 경기를 내려다보며 벤치에 수시로 지시를
내렸고, 이때의 흐름을 바탕으로 팀 컬러를 명확히 해 감독 데뷔
시즌을 성공적으로 마무리했다. 전경준 전남 드래곤즈 감독 얘기
다.

2018년 시즌 최하위를 기록하며 K리그2로 강등된 전남 드래
곤즈는 2년 동안 중위권을 헤어 나오지 못하며 좀처럼 승격 가능
성을 내다보지 못하고 있다. 여러 K리그2 구단들이 모기업이나
지방자치단체로부터 화끈한 지원을 받아 승격을 준비하는 과정
과 달리, 전남 드래곤즈는 가진 자원을 활용해 최적의 성적을 내

전경준 전남 드래곤즈 감독이 2021년 1월 동계 전지훈련 중에 지시를 내리고 있다.
사진 한국프로축구연맹

기 위해 노력 중이다. 나름대로의 성과도 분명하다. 2020년 전남 드래곤즈는 우승팀 제주 유나이티드(23실점)에 이어 두 번째로 적은 실점(25실점)을 기록하는 등 '질식 수비'를 펼치며 확실한 팀 컬러를 갖췄다. 끈끈한 수비력에 토대해 '지지 않는 축구'를 완성한 모습이다.

동계 훈련 중에 전남 광양의 전남 드래곤즈 클럽하우스에서 만난 전감독은 "일단 우리 스쿼드로 할 수 있는 걸 파악하는 데 집중했고, 선수들의 능력을 극대화할 방법을 찾으려 노력했다"고 했다. "선수들이 팀의 균형을 잡았기에 제주 유나이티드 다음으로 가장 적은 실점을 할 수 있었던 것 같다. 사실 값비싼 선수들을 많이 데려올 수 있다면 감독으로선 좋지만, 그게 안 된다면 최적의 조합을 찾아 올라서기 위해 노력해야 한다."

전감독은 2020년 시즌 초반 관중석에서 경기를 관찰해 집중한 일에 큰 의미를 부여하지는 않는다. "경남FC와의 첫 경기 때부터 상대에 대한 정보가 부족해 (관중석으로) 올라가 보기 시작했다. 벤치엔 (내 지시를) 바로 실행할 코치들이 있으니 상대의 변화를 읽는 게 우선이라고 생각했다. 1~9라운드 동안 관중석에서 경기를 보니 효과적인 부분들이 많았다." 2021년에도 필요할 땐 관중석으로 올라가는 일을 마다하지 않겠다고 했다.

국가대표팀과 23세 이하 대표팀뿐 아니라 제주 유나이티드와 전남 드래곤즈에서도 코치 생활을 했던 그는 정식 감독으로 첫 시즌을 치른 2020년 수비를 완성했다. 2021년엔 그간 활약이 미미했으나 프로 무대에서의 부활이 절박한 알짜 공격 자원들을 데려와 반전을 노린다. 3부 리그 격인 K3리그 김해시청에서 뛰던 박희성과 K리그2 부천FC에서 뛰던 서명원이 대표적이다. 전감독은 "스쿼드를 화려하게 못 갖추면 진다? 그건 아니라고 본다"며 이들에 대한 희망을 내비쳤다.

U-20 월드컵, 광저우 아시안게임 대표팀에서 뛴 박희성은 한때 '고려대 앙리'로 불리던 자원이지만 프로 무대에선 빛을 보지 못했다. 전감독은 "서른을 넘긴 박희성은 이번이 본인에게 어떤 기회라는 걸 잘 알고 있는 터라 열심히 훈련 중"이라고 했다.

한때 초대형 유망주로 주목받던 서명원도 2021년 전남 드래곤즈에서 새 출발을 한다. 2008년 차범근축구상 대상 수상자인 그는 12세 이하, 19세 이하 대표팀 출신으로 프로에 데뷔한 초반엔 주목받았지만 주전 경쟁에서 밀리고 부상이 잦으면서 점점 잊

혀갔다. 그는 2014년 당시 대전 시티즌에 입단해서는 첫해부터 26경기에 출전해 4득점 5도움을 기록했고, 2년차에도 준수한 활약을 보이며 울산 현대로 이적했다. 그러나 이후 출전 기회가 급격히 줄어들었고 강원FC와 부천FC로 옮겨서도 부상 등에 시달리며 활약은 미미했다. 전경준 감독은 공격형 미드필더인 서명원의 부활에 기대를 건다. "16살 때부터 지켜봐온 선수다. 나는 지금도 좋은 선수라고 본다"고 평가했다. 다만 경기장에서 보여줘야 할 역할, 체력적인 준비 등 그간 서명원이 소홀히 했을 것으로 보이는 부분들을 지적했다. 전감독은 "결국은 본인 몫"이라면서 "변화하는 게 보이고 증명이 되면 기회를 많이 받을 것"이라고 했다.

나이지리아 출신 공격수 사무엘 은니마니까지 합류한 공격진이 살아난다면 어떤 강팀을 만나도 충분히 겨뤄볼 만하다는 게 전감독의 생각이다. 그는 "수단과 방법을 가리지 않고 승격을 위해 노력할 것"이라고 강조했다. "전남은 엄청 열정적인 팬들이 있는 곳인데, 귀한 시간을 내 경기장을 찾은 분들이 스트레스를 해소하고 갈 수 있도록 준비하겠다. 아울러 어린 팬들이 우리를 자랑스러운 팀으로 여길 수 있도록 만드는 게 중요하다."

아시아축구연맹 챔피언스리그 MVP 윤빛가람

"떠날 때 박수를 받는 선수가 되고 싶다"

울산 현대의 2020년 아시아축구연맹 챔피언스리그 우승에 일조하며 대회 MVP로 선정된 윤빛가람이 최근 2년간 눈앞에서 놓친 K리그1 우승의 꿈을 꼭 이루고 싶다는 다짐을 밝혔다. 울산 현대의 동계 전지훈련지인 경남 통영에서 만난 윤빛가람은 "새로 온 홍명보 감독님의 지휘하에 다가오는 국제축구연맹 클럽월드컵과 K리그에 초점을 두고 훈련 중이다. (클럽월드컵 참가로) 다른 팀보다 훈련 시간이 길지 않은 상황"이라고 전했다.

2020년 울산 현대는 K리그1과 FA컵 우승 문턱에서 라이벌인 전북 현대모터스에 발목이 잡혀 아쉬움을 삼켰다. 그러나 시즌이 끝나고 카타르에서 열린 아시아축구연맹 챔피언스리그 무대에서 무패(9승 1무)로 우승을 거두며 만회했다. 이 대회에서 윤빛가람은 4골 3도움의 맹활약을 펼친 끝에 MVP에 선정돼 '아시아의 별'

로 떠올랐다.

당시 우승하고 수많은 축하를 받은 그는 "챔피언스리그에서 우승한 것만으로도 큰 영광이라고 생각하는데, 생애 한 번 받을까 말까 한 MVP까지 받아 기뻤다. 국내에서 두 차례 준우승에 그쳐 가라앉은 분위기를 형들(고참 선수들)이 잘 끌어올린 덕에 거둔 결과였다"고 말했다.

울산 현대의 챔피언스리그 우승은 최근 수년 사이 자본력의 중국, 시스템의 일본에 밀리는 듯하던 K리그의 경쟁력이 되살아났음을 증명한 상징적인 사건이다. 2016년 중국 무대에서 활약한 경험이 있는 윤빛가람은 "중국이 팀 구성에 투자를 많이 하면서 수준이 올라온 건 사실"이라면서 "챔피언스리그에선 단기전의 특성상 순간의 집중력 차이가 결과를 가른 경우가 많았다고 본다"고 말했다.

10대 때부터 남다른 재능으로 주목받은 그는 나이가 들며 점점 농익은 플레이를 펼치고 있다. 특히 30대에 접어든 2020년에 패스 감각은 물론 슈팅 또한 정교해져 뒤늦게 전성기를 맞았다는 평가도 받았다. 윤빛가람은 "나이가 들수록 축구에 점점 눈을 뜨게 된다는 말이 있다. 내가 눈을 떴다는 말은 아니지만 경험이 쌓이며 점점 여유가 생기고 있다"고 활약의 비결을 전했다.

꾸준함의 원천은 철저한 자기 관리다. "흡연은 전혀 하지 않고, 술도 꼭 필요할 때가 아니면 웬만해선 마시지 않는다. 피곤한 걸 싫어하는 편이라 잠을 많이 잔다. 맛있는 음식이 앞에 있어도 지나치게 먹지 않고 체중 관리를 한다."

K리그를 읽는 시간 2

울산 현대의 윤빛가람이 카타르 알와크라의 알자누브 스타디움에서 열린 2020년 아시아축구연맹 챔피언스리그 결승전에서 우승을 차지한 뒤 트로피를 들고 기념 촬영을 하고 있다. **사진** 한국프로축구연맹

또 K리그 무대에서도 정상에 서고 싶다는 뜻을 분명히 했다. 그는 "리그 우승이 나는 물론 팀 전체의 가장 큰 목표"라면서 "포지션상 도움을 많이 할 수 있는 위치인 만큼 팀이 우승하는 데 기여하겠다"고 각오를 밝혔다. 그는 끝으로 선수 생활의 최종 목표를 묻자 "떠날 때 박수를 받는 선수가 되고 싶다"는 명료한 답을 내놨다.

2021년 2월 4일부터 11일까지 카타르에서 펼쳐진 클럽월드컵에서 울산 현대는 2전 전패로 대회를 마무리했다. 클럽월드컵은 매년 6개 대륙의 클럽 대항전 챔피언들과 개최국의 리그 우승팀이 모여 세계 최강의 프로클럽을 결정한다. 1960년부터 이어져 온 인터컨티넨털컵을 2003년 국제축구연맹이 인수하고 아시아와 북중미, 아프리카, 오세아니아까지 참가 대륙을 확대하면서 지금의 형태로 자리매김했다. 2020년 아시아축구연맹 챔피언스리그 우승팀 자격으로 이 대회에 나선 울산 현대는 북중미카리브해 축구연맹 챔피언스리그의 우승팀 티그레스 UANL(멕시코)과의 첫 경기에서 1대 2로 역전패해 4강 진출에 실패했다. 이어 카타르 스타스리그 챔피언인 알두하일 SC와의 5·6위 결정전에서도 1대 3으로 졌다. 이로써 울산 현대는 6개 참가 팀 중 최하위로 이번 대회를 마쳤다.

김학범의 당부
자기 관리, 단점 보완, 일단 뛰어!

1년 연기된 도쿄올림픽을 앞두고 마지막 국내파 소집 훈련을 마무리한 김학범 23세 이하 축구대표팀 감독이 주도한 훈련은 역시나 고됐다. 소집된 선수들은 한순간도 허투루 뛰지 않았다. 2022년 9월 중국 항저우에서 열리는 아시안게임에 출전하기 위한 경쟁도 사실상 시작된 셈이다.

2021년 첫 소집 훈련을 마무리한 김감독은 선수들을 향해 "소속 팀에서 먼저 살아남으라"고 주문했다. 체력만큼이나 정신력과 의지를 요하는 김감독의 방침에 '고난의 겨울'을 보냈다는 게 선수단의 얘기다. 조영욱(FC서울)은 "팀 분위기가 좋다, 소집이 끝나기 때문"이라며 웃었고, 국군체육부대에 복무 중인 전세진(김천상무)은 군대에 있는 것보다는 대표팀이 좋다면서도 "훈련만큼은 군대에 있을 때보다 훨씬 힘들었다"고 말할 정도였다.

대표팀 해산에 맞춰 제주 서귀포 강창학공원 종합경기장에서 만난 김학범 감독은 훈련 성과를 묻자 "60~70점 정도"라고 했다. 김감독은 "선수가 가진 개인 기량과 팀이 추구하는 축구를 접목하는 데 많은 시간을 할애했다. 선수들이 어떻게 해야 좋은 경기를 할 수 있는지 많이 느꼈을 것"이라고 평가했다.

K리그 프로팀과 가진 네 차례 평가전에선 모두 승리를 거뒀다. 포항 스틸러스(3대 1), 성남FC(4대 0), 수원FC(2대 1)와의 경기뿐 아니라 대전 하나시티즌과의 마지막 평가전에서도 6대 1로 승리를 거뒀다. 그럼에도 김감독은 "결과는 큰 의미가 없다. 선수들이 얼마나 (훈련 계획을) 쫓아오는지가 관건"이라고 강조했다. 대전 하나시티즌과의 평가전을 끝으로 김학범호는 2021년 1월 11일부터 18일까지 강릉에서, 1월 19일부터 2월 2일까지 서귀포에서 치른 훈련을 모두 마쳤다.

실제 이번 서귀포 전지훈련은 다가오는 도쿄올림픽과 2022년 항저우 아시안게임에 대비해 언제든지 일어날 상황을 가정해 치러졌다. 실제 김감독은 이번 전지훈련을 올림픽과 아시안게임 등에서 벌어질 수 있는 토너먼트 일정과 흡사하게 짰다. 국제대회의 호흡을 한 번이라도 더 겪어보기를 바라는 취지에서다. 특히 촉박한 일정에 따른 체력 저하 시뮬레이션을 위해 세 번째 평가전인 수원FC와의 경기를 앞두고 고강도 체력 훈련을 끼워 넣었다. 촉박한 토너먼트 일정을 치르느라 체력이 뚝 떨어지는 상황에서도 선수들이 자신의 능력치를 끄집어내기를 원했던 것이다. 김감독은 "몸이 좋지 않다고 경기에서 빠지면 바로 탈락"이라며 "힘들어도 이겨내야 한다"고 주문했다.

이번 소집 훈련에 참가한 24명 선수 가운데엔 2019년 U-20 월드컵에서 준우승을 경험한 1999년생들은 물론, 이동률(제주 유나이티드)과 이수빈(포항 스틸러스)처럼 2022년 23세 이하 대표팀에 입성할 2000년생도 포함돼 있다. 1999년과 2000년생 선수만 모두 11명으로 '도쿄 이후'까지 대비한 성격도 짙었다.

국내파 점검은 이번이 마지막이지만 김감독은 최종 명단이 발표될 때까지는 모두가 올림픽 대표팀 후보이며, 누구도 승선을 장담할 수 없다는 입장이다. 자기 관리를 잘하고, 필요한 부분은 스스로 챙기고, 각자 팀에서 경기를 뛰는 게 일단 중요하다는 세 가지 과제도 남겼다. 그는 "이번에 소집된 선수들을 계속 지켜볼 것"이라고 밝혔다.

관건은 올림픽 개최 여부다. 일단 예정대로 진행된다면 2021년 4월 중순 본선 조 추첨이 진행될 예정이지만, 전 세계적으로 코로나19의 확산세가 좀처럼 수그러들지 않아 대회가 취소되거나 다시 연기될 가능성에 힘이 실리고 있다. 초조한 분위기도 있을 것 같다는 취재진의 질문에 김감독은 "그런 것으로 애달파하면 죽는다. 크게 개의치 않는다"고 했다. 그는 "우리 힘으로 할 수 있는 게 없지 않느냐"며 모든 팀에 동일한 조건인 만큼 착실히 준비하겠다는 뜻을 전했다.

선수들도 각오를 다졌다. 특히 2020년 부상을 입어 올림픽 대표팀 승선이 불투명하다가 대회가 1년 미뤄지면서 다시 기회를 얻은 조영욱과 전세진의 간절함이 크다. 조영욱은 "선수들도 (연기에 대한) 언론 보도에 반응하지만 흔들리지 않으려 한다. 그간 쌓은 자신감을 안고 도전하면 충분히 잘할 수 있을 것"이라고 말했다. 올림픽 땐 민간인이 돼 있을 전세진은 "군대 때문에 올림픽이 간절하다면 올바르지 않은 자세라고 생각한다. 준비한 대로 하면 잘될 것"이라며 자신감을 보였다.

실력을 입증할 기회가 넉넉지 않다는 걸 아는 선수들은 저마다 최선을 다해 올림픽 엔트리에 들겠다는 모습이다. 송민규는 "대표팀의 부름을 받는 건 항상 영광"이라며 "올림픽에 나갈 기회를 잡는 건 쉽지 않기에 다른 선수들보다 두 배는 열심히 할 생각"이라고 했다. 김학범호의 2021년 첫 소집에서 주장 완장을 찬 수비수 정태욱(대구FC)도 간절함을 전했다. 그는 "올림픽은 누구나 꿈꾸는 무대"라며 "올림픽 개최 여부와 상관없이 지금 우리의 위치에서 최선을 다하는 게 맞다"고 말했다.

203센티미터 뮬리치와 158센티미터 에디뉴

K리그 역대 최고 거인과 소인, 키 차이만 45센티미터

역대 최장신 선수와 최단신 선수 둘이 2021년 시즌 개막과 함께 'K리그 여행기'를 써내려간다. K리그1 성남FC의 203센티미터 장신 스트라이커 페이살 뮬리치(세르비아 출신)와 K리그2 대전 하나시티즌의 158센티미터 단신 공격수 에디뉴(브라질) 얘기다. 다른 종목과 달리 선수의 키가 너무 커도 문제, 작아도 문제로 여겨지는 프로축구 세계에서 '크고 작은 것은 비교의 문제'임을 깨닫게 하는 영국 소설 〈걸리버 여행기〉의 교훈을 몸소 보여줄지 주목된다.

국적, 소속 팀, 리그가 다른 두 동갑내기 외국인 선수가 함께 주목받는 건 역대 K리그에서 가장 큰 키와 가장 작은 키를 갖췄기 때문이다. 뮬리치는 과거 수원FC에서 뛰던 202센티미터의 보그단(몬테네그로)보다 1센티미터 크고, 에디뉴는 종전 최단신

성남FC의 뮬리치(왼쪽)가 경기 성남 탄천종합운동장에서 열린 K리그1 2021년
제주 유나이티드와의 개막전에서 상대 선수와 볼 경합을 벌이고 있다. **사진** 한국프로축구연맹

(160센티미터)이던 김현욱(전남 드래곤즈)과 대구FC에서 뛰던 브
라질 용병 레오보다 2센티미터 작다. 뮬리치와 에디뉴의 키 차이
는 무려 45센티미터로, 한국프로축구연맹에 따르면 2021년 시즌
은 1983년 K리그가 출범한 이후 최장신과 최단신의 차가 가장
큰 시즌이 됐다.

키뿐만 아니다. 두 선수는 개막전에서 소속 팀의 공격을 진두
지휘하며 골 폭격을 예고했다. 2020년 시즌 막판까지 강등 위기
에 놓였던 성남FC, K리그1로 승격할 가능성을 일찍 접은 대전 하
나시티즌의 팬들에게 희망을 주기에 충분한 활약이었다. 뮬리치
는 제주 유나이티드와의 개막전에서 선발 명단에선 빠졌지만 교
체 시점으론 꽤나 이른 전반 30분에 투입돼 홀로 5차례 슈팅(유
효슈팅 2회)을 기록하며 상대의 골문을 위협했다.

대전 하나시티즌의 에디뉴(왼쪽)가 부천종합운동장에서 열린 K리그2 2021년 부천FC와의 개막전에서 상대 선수와 볼 경합을 벌이고 있다. **사진** 한국프로축구연맹

정교함은 조금 떨어지는 모습이었지만, 김남일 성남FC 감독으로선 2020년 충분히 재미를 보지 못한 공중 볼 다툼에서의 우위에 기대를 걸어볼 만하다. 성공적인 데뷔전을 치른 뮬리치가 K리그 무대에 좀 더 적응한다면 해결사 역할을 충분히 해낼 수 있다는 게 김감독의 생각이다.

뮬리치보다 하루 먼저 개막전을 치른 에디뉴는 부천FC와의 원정 경기에서 결승골을 터뜨리며 이민성 신임 감독에게 K리그 사령탑 데뷔전 승리를 안겼다. 후반 43분 신상은이 페널티 아크에서 시도한 슛이 수비수를 맞고 전방으로 흐르자 쏜살같이 달려들어 오른발 슛으로 골망을 갈랐다. 2020년 7월 대전 하나시티즌에 임대 이적한 에디뉴는, 입단 초반에 득점을 올리는 데 애를 먹었지만 마지막 4경기에서 무려 5골을 몰아 넣으며 팀을 준플레이오프로 이끌기도 했다.

비록 K리그 무대에서 당장 부딪칠 일은 없지만 두 선수는 인터뷰에서 "신체 조건을 활용해 많은 골을 만들겠다"고 다짐했다. 뮬리치는 "(같은 몬테네그로 출신인) 무고사를 통해 K리그가 상당히 빠르고 힘이 있는 리그라고 들었다"며 "성남FC에서 영입 제안이 왔을 때 팀에 대해 찾아봤는데 팀의 스타일과 역사 등이 흥미로웠다"고 했다. 유럽 바깥의 무대에 처음 선 그는 "K리그에 도전하는 첫해인 이상 리그의 스타일에 적응하기 위해 노력해야 한다. 나는 프로이기 때문에 적응 문제는 항상 내가 해결해나가야 하는 부분"이라고 했다. 그러면서 "스트라이커는 골을 넣어야 하고 볼을 소유해야 한다. 내가 가진 장점인 키와 빠른 스피드를 잘 활용하겠다"고 밝혔다.

에디뉴도 작은 고추의 매운 맛을 제대로 보여주겠다는 각오를 밝혔다. "'키가 작아서 안 된다'고 무시하는 주변 사람들의 이야기가 많았다지만, 남들보다 더 많은 노력을 하면 분명히 본인이 원하는 꿈을 이룰 수 있다"고 힘줘 말하면서 "키가 작은 선수들에게 희망이 되고 싶다"고 했다. 또 "대전 하나시티즌은 우승할 자질을 갖춘 팀"이라면서 "2021년 시즌에는 같은 실수를 반복하지 않는 한 조기에 우승을 결정지을 수 있을 것 같다"고 자신 있게 말했다.

K리그 유일 여성 심판 김경민

"심판도 사람이니 실수? 전 동감 못 해요"

"은퇴나 그 이후의 삶은 아직 생각해본 적 없어요. 몸이 따라주지 않고 정말 무슨 수를 써도 '체력이 여기까지구나' 싶으면 바로 그만둬야 해요. 경기에 피해를 주면 안 되잖아요. 하지만 그 전까지는 한 경기 한 경기 최선을 다할 거예요."

유일한 여성 심판 김경민 씨가 다시 K리그에 복귀했다. 방출된 지 6년 만이다. 당시에도 홍일점이었지만 2021년 지금도 홍일점이다. 국내에서 가장 강도 높은 체력 테스트와 엄밀한 기준에 따라 선발되는 K리그 심판의 벽은 여성에게도 예외가 아니다. 6년 동안 아무도 그 벽을 넘지 못했다. 본의 아니게 생긴 이 '금녀의 벽'을 다시 허문 이는 다름 아닌 김경민 씨다.

취재진이 김경민 씨를 만나보니 어린아이 같은 열정이 엿보였다. 잘할 때는 아무도 알아주지 않다가 한 번 잘못하면 온갖 악역을 떠맡게 되는 게 심판이다. 단 한 번의 실수라 해도 전파를 타고 안방까지 중계된다. 끊임없이 자신을 채찍질해야 하는 일이다. 하지만 심판이 얼마나 스트레스를 받는 직업인지를 설명하는 그의 얼굴에는 웃음이 가시지 않았다.

2015년 K리그 심판진에서 빠지게 됐을 때도 그의 선택지에 심판을 그만둔다는 것은 없었다. 오히려 완벽한 경기를 하지 못한 아쉬움이 컸다. "방출되면서 고난의 시기가 시작됐죠. '내가 못해서 떨어진 거다' 이런 자책감에서 벗어날 수 없었고, 이제 더 이상 남자 경기에 들어갈 수 없을지 모른다는 생각에 힘들었어요. 그래서 '다음에 기회가 생기면 다시는 이런 일이 없도록 만들어야겠다'는 생각으로 나를 좀 더 조였던 것 같아요. 운동 강도를 더 높이고 매 경기마다 몰입했어요. 경기가 끝나면 새벽 4시까지 경기 영상을 계속 돌려 보고, 실수를 찾으면 잠을 자지 못했죠. 이번에 다시 K리그에 돌아오게 됐을 때에야 '아, 내가 정말 열심히 했구나'라는 생각이 들었어요."

김경민 씨에게 처음 심판이라는 직업을 권유한 사람은 한국여자축구연맹 부회장을 지낸 고 최추경 감독이다. 당시 울산과학대 축구부를 맡고 있던 최감독이 고질적인 정강이 부상으로 힘들어하던 대학 선수 김씨에게 "성격이나 체격 조건이 딱 심판이다"며 심판 일을 권했다. 하나에 꽂히면 그것밖에 모르고, 부상을 숨기고 합숙 생활을 고집하는 융통성 없는 그의 성격이 심판과 들어맞는다고 여긴 것이다.

최감독의 말처럼 김경민 씨는 2000년 심판 자격증을 딴 뒤 순식간에 심판 일에 빠져들었다. 하지만 완벽에 집착하는 성격 탓에 스트레스도 많이 받았다. 들키지 않은 실수라 해도 자신이 만족하지 못하면 밤잠을 설쳤다. "주변에서 '심판도 사람이다. 실수는 누구나 할 수 있다' 그런 말씀을 하곤 해요. 하지만 나는 동감하지 못하겠어요. 심판의 실수에는 피해가 명확해요. 피 흘리면서도 밥 먹고 운동만 하는 선수가 있고, 팬이 있고, 팀이 있는데…. 심판은 완벽해야 해요."

코로나19도 그의 열정을 막지는 못했다. 체육 시설이 폐쇄되자 강릉 자택의 아파트 주차장과 인근에 있는 아이스 아레나의 주차장에서 운동을 했다. 그는 스프린트를 하고, 축구 심판을 지낸 든든한 지원군 남편은 초를 쟀다. 본격적으로 판을 벌린 부부의 모습에 어떤 시민은 유명 선수인 줄 알고 사진을 찍고, 스케이트를 타러 나왔던 다른 가족은 슬며시 자리를 피해줬다. 경포호수도 자주 돌았는데 여유로운 그곳에서 전력 질주를 하는 이는 김경민 씨밖에 없었다.

그렇게 2021년 시즌 K리그2에 부심으로 재입성하면서 다시 한 번 성별의 벽을 무너뜨렸다. 그사이 김경민 씨는 국내 여성 심판 최초로 아시아축구연맹이 주최한 남자 성인 프로팀 경기에 참가했고, 2015년과 2019년 두 번의 여자월드컵을 더 경험했다. 어느덧 2021년에 22년차의 최고참급 심판이 됐다. 국내에 있는 국제심판 가운데 남녀를 통틀어 연차가 제일 높고, 어느 경기장을 가든 대부분 후배 심판들과 심판을 본다.

여성 심판이 별로 없는 것은 못내 아쉽다. "사람들이 관심이 없

김경민 심판이 부산 구덕운동장에서 열린 2021년 시즌 K리그2 부산 아이파크와 서울 이랜드 간 개막전에서 부심을 보고 있다. **사진** 한국프로축구연맹

으면 축구에 여자 심판이 있는지도 잘 모른다"고 그는 말했다. 그도 그럴 것이 여자 심판이 많은 WK리그는 TV 중계를 거의 하지 않고, 김경민 씨처럼 남성 경기에 등장하는 여성 심판도 드물다. 심판 수 자체도 적다. 대한축구협회에 따르면 2020년에 활동한 1급 축구 심판 394명 가운데 여성 심판은 27명에 불과하다. 여성의 비중은 2018년 7.5퍼센트에서 2019년 7.3퍼센트, 2020년 6.9퍼센트로 하락하는 추세다. "선수가 아니면 여성 심판이 활동하는 모습을 접할 기회가 별로 없어요. (사람들의) 눈에 띄는 게 일단 제일 중요하잖아요. 내가 할 수 있는 일은 운동장에서 좋은 모습을 보여주는 것이라고 생각해요. 엄마 손을 잡고 K리그 경기장에 온 아이들에게 '나도 심판하고 싶어'라는 생각이 들도록요."

김경민 씨의 다음 목표는 2023년 호주·뉴질랜드 여자월드컵에 참가하는 것이다. 그는 지금까지 총 4차례 월드컵에 참가했다. 5회 연속 월드컵 참여는 한국 축구에선 없는 기록이다. "목표라기보다 '욕심'이에요. 월드컵 4회 참여는 홍명보, 황선홍 감독님, 그리고 나밖에 없다고 하더라고요. 그래서 월드컵에 5차례 참가한 사람이 되고 싶다는 욕심이 생겼어요. 1차 후보 명단에는 들었어요. 2023년을 위해 완벽한 준비를 할 거예요. 욕심을 좀 내보고 싶어요."

2부

K리그 현재

2021년, 2022년 시즌 달라지는 것들

'3팀 강등'도 가능해진다

2022년 시즌부터는 최대 3팀의 강등 또는 승격이 가능해진다. K리그1 구단들의 강등 가능성은 좀 더 높아지고, K리그2 구단들의 승격 기회는 커진다는 얘기다.

한국프로축구연맹은 "시즌 막바지에 흥행 매치업을 늘리고, K리그2 구단들에 동기부여가 되기 위해 2022년 시즌부터 승강 팀 수를 기존 '1팀(자동 승강) + 1팀(승강 플레이오프 진출)'에서 '1팀(자동 승강) + 2팀(승강 플레이오프 진출)'으로 확대한다"고 밝혔다. 이는 2021년 2월 열린 연맹의 제2차 이사회에서 결정된 사안이다.

이번 결정에 따라 2022년 시즌엔 정규 리그가 종료되는 시점을 기준으로 K리그2 2위 팀은 K리그1 11위 팀과 홈 앤드 어웨이 방식으로 승강 플레이오프를 치른다. 마지막 한 장의 티켓은 K 리그2 플레이오프의 승자와 K리그1 10위 팀 간의 플레이오프에서 결정된다. K리그2 4위와 5위 팀이 단판 준플레이오프를 펼치고, 승자가 K리그2 3위 팀과 단판 플레이오프를 치른 뒤 K리그1 10위 팀과 홈 앤드 어웨이 방식으로 맞붙게 된다. K리그2 우승팀은 자동으로 1부로 승격하고, K리그1 최하위(12위) 팀은 강등되는 점은 기존과 동일하다.

연맹은 2021년 시즌 코로나19와 관련한 리그 운영 계획도 확정했다. 시즌 중 선수와 코치진 등 경기 필수 참여자 가운데 코로나19 확진자가 발생할 경우에는 해당 팀의 경기를 최소 2주 이상 연기한다. 단 해당 팀의 소속 선수 중 일정 인원이 코로나19 검사 음성, 무증상, 자가 격리 비대상 같은 요건을 충족해 경기에 참여할 수 있으면 리그에 참가할 수 있다. K리그1 구단은 골키퍼 1명을 포함해 최소 17명, K리그2 구단은 골키퍼 1명을 포함해 최소 15명을 확보하면 된다.

돌발 변수가 발생하면 연맹이 일정을 조정한다. 2021년 시즌 최대로 경기를 연기해 경기를 치를 수 있는 마지막 날은 12월 19일이다. 코로나19 확산이 심각해 리그를 진행할 수 없거나 예비일이 부족해 경기를 연기할 수 없는 경우에는 그 시점에서 리그를 중단한다. 2021년 시즌은 K리그1 38라운드, K리그2 36라운드로 진행되는데 이 중 K리그1는 22라운드 이상, K리그2는 18라운드 이상 치러진 후에 리그가 중단되면 해당 시즌의 리그가 성립한 것으로 본다. K리그1과 K리그2 모두 성립하면 예년과 같이

1팀은 자동 승강하고 1팀은 승강 플레이오프에 진출하는 방식을 따르며, K리그1만 성립하고 K리그2가 불성립하면 K리그1 최하위가 강등되고 승격 팀은 없다. 반대의 경우 강등 팀은 없고 K리그2 1위 팀이 승격한다. K리그1과 K리그2 모두 불성립하면 승격과 강등도 없다.

교체 카드 확대하고 R리그는 임시 중단

2021년 시즌에 K리그1은 경기당 교체 선수 수를 경기당 3명에서 5명으로 확대해 운영한다. 코로나19 확산이 우려되는 중에 열리는 시즌이라 혹시 모를 확진자 발생과 부상 위험 등에 유연히 대응하기 위해서다. 즉 A매치를 치르고 귀국하는 과정에서 생기는 자가 격리 기간이나, 코로나19에 따른 경기 연기로 후반기에 리그 일정이 빡빡해지고 이때 선수들의 부상 위험이 커질 수 있다는 판단에 따른 것이다. 앞서 국제축구평의회(IFAB)는 이 같은 내용의 교체 선수 인원 임시규정을 권고했다.

다만 연맹은 이런 조치가 22세 이하 선수들의 기회 축소로 이어지는 것을 막기 위해, 'U-22 규정'을 지키는 팀에 한해 교체 카드 확대를 실시하기로 했다. 우선 교체 카드 5장을 모두 활용하려면, 22세 이하 선수가 1명 이상 선발로 출전하고 선발 명단과 대기 명단을 합한 전체 엔트리(18명)에 22세 이하 선수가 2명 이상 포함돼야 한다. 22세 이하 선수가 1명만 선발로 출전했다면, 다른 22세 이하 선수가 교체 투입돼야 5명까지 교체할 수 있다.

22세 이하 선수가 1명만 선발로 출전하고 다른 22세 이하 선수가 교체 투입되지 않는다면 3명까지만 교체가 가능하다. 22세 이하 선수가 선발 출전도 하지 않는 경우 교체 선수는 2명으로 줄어든다.

교체 선수 수는 늘어나지만 교체 횟수 제한은 경기 중 3차례로 유지된다. 하프타임에 이뤄지는 선수 교체는 횟수에 포함하지 않는다. 출전 선수 명단에 올릴 수 있는 선수 수도 18명으로 기존과 같다. A매치의 일정에 영향을 크게 받지 않는 K리그2는 교체 선수 수가 3명으로 유지된다.

지난 2013년 연맹은 어린 선수들에게 뛸 기회를 마련하는 취지에서 18명 출전 선수 명단에 23세 이하 선수를 1명씩 의무적으로 포함하게 하는 규정을 신설했다. 2019년부터는 이를 강화해 22세 이하 선수 2명을 출전 명단에 넣고 이 중 한 명은 반드시 선발 출전시키도록 했다. 이를 지키지 않는 팀에겐 출전 선수 및 교체 선수 수를 줄이는 불이익을 줬지만, 그럼에도 어린 선수는 출전할 기회가 별로 없었다. 이런 가운데 연맹은 2021년부터 K리그 1에 한해 교체 선수 규정과 U-22 규정을 접목한 셈이다.

그리고 2021년 시즌에는 R리그가 임시 중단된다. R리그는 각 구단의 2군팀이나 유소년팀이 참여하는 비공식 경기다. 연맹은 코로나19로 인한 체육 시설 폐쇄, 방역 지침 준수나 구단 재정 악화 등을 감안할 때 2021년 시즌에 R리그를 운영하는 것은 현실적으로 어렵다고 판단했다.

당초 예정대로 K리그 구단의 B팀(2군)은 2021년 시즌부터 대

2021년 K리그1에선 선수 교체 인원이 5명으로 확대됐다. **사진** 한국프로축구연맹

한축구협회에서 주관하는 K3리그, K4리그에 참가할 수 있다. 이를 위한 '프로 B팀 운영 세칙'도 정해졌다.

2021년 시즌 개막 미디어데이

"감독 데뷔전인데 살살 좀", "나도 FC서울 데뷔전이라"

2021년 시즌 개막을 앞둔 K리그1 감독과 선수들이 2월 22일 열린 '온라인 미디어데이'에서 출사표를 던졌다. 전주월드컵경기장에서 공식 개막전을 벌이게 된 김상식 전북 현대모터스 감독과 박진섭 FC서울 감독은 유쾌한 입씨름으로 명승부를 예고했다. 전북 현대모터스의 새 사령탑이 된 김상식 감독은 부임하고 일관되게 강조해온 '화공 축구'를 공식 선포했다. 김감독은 "이번 시즌엔 경기당 평균 2골 이상을 넣는 게 목표"라면서 2021년 시즌 새로 영입한 일류첸코를 비롯해 구스타보와 김승대가 시즌 막판까지 40골을 합작한다면 충분히 가능한 목표일 거라고 내다봤다.

한 살 차이로, 대표팀과 프로 무대에서 함께 성장해온 두 감독은 개막전을 절대 양보하지 않겠다는 뜻을 전했다. 2009년 전북

2021년 시즌 K리그1 개막을 앞두고 온라인 미디어데이 행사가 서울 아산정책연구원에서 열리고 있다. **사진** 한국프로축구연맹

현대모터스에 입단해 5년의 선수 생활과 7년의 코치 생활을 거쳐 정식 감독으로 부임한 김감독은 "박감독은 선수 때부터 워낙 영리한 플레이를 했고, 감독으로도 꾀가 많은 것 같다"고 칭찬하면서도 "(개막전이) 감독 데뷔전인데, (박감독이) 살살 좀 경기하면 좋겠다"고 너스레를 떨었다.

농담 반 진담 반으로 던진 김감독의 부탁을 박감독은 "나도 FC 서울 감독 데뷔전"이라며 단칼에 거절했다. 광주FC 감독 때와는 다른 목표점을 갖고 시즌에 임하게 된 만큼 첫판에서 '대어' 전북현대모터스에 결코 물러서지 않겠다는 얘기다. 김감독이 "우리 집(홈구장)에서 하잖아"라며 한 번 더 읍소해도 박감독은 "절대 양보하지 않겠다"며 물러서지 않았다.

두 팀의 주장 홍정호와 기성용도 설전을 벌였다. 사회자가 기성용이 SNS에 게시한 '택배 크로스' 예고 글에 대해 언급하자, 홍정호는 "개막전에선 택배 배달이 어렵지 않을까 생각한다"며 선공에 나섰다. 기성용은 "홍정호가 예전보다 너무 커버렸고, 듬직했던 선수"라고 칭찬하면서도 "택배(크로스) 배달은 알고도 당하게 될 것"이라고 응수했다.

전북 현대모터스와 FC서울 간의 공식 개막전만큼 관심을 끄는 경기는 K리그 사령탑으로 데뷔하는 홍명보 감독의 울산 현대와 김병수 감독이 이끄는 강원FC 간의 3월 1일 시즌 첫 대결이다. 홍감독은 "20년 만에 돌아온 K리그가 그간 많이 발전한 것 같다"며 "선수들이 자신의 생각을 명확히 말하는 문화가 정착되면서 소통이 잘 이뤄지는 게 눈에 띄는 점"이라고 답했다.

울산 현대의 주장 이청용은 "2020년 시즌 강원FC와의 경기에선 우리가 모두 이겼지만 항상 경기를 어렵게 끌어온 것 같다. 이번 개막전도 쉬운 경기가 될 것 같지 않아서 준비를 많이 하고 있다"고 했다. 또 "선제골이 항상 중요한 것 같으니 개막전에서 꼭 선제골을 넣도록 준비할 것"이라고 했다. 그러자 강원FC의 주장 임채민은 "선제골을 먹지 않기 위해 청용이형을 잘 막겠다"며 태클을 걸었다.

울산 현대를 향한 태클은 포항 스틸러스에서도 들어왔다. 김기동 포항 스틸러스 감독은 2021년 시즌 '동해안 더비'를 펼치게 될 홍감독을 향해 "사실 동해안 더비에서 이긴다고 승점을 두 배로 주는 건 아니지만 심리적 압박은 다른 경기보다 크다"며 "4라운드에 맞붙을 때 몸소 체험할 것"이라고 했다. 2020년에 제대한 뒤 포항 스틸러스의 유니폼을 입고 맹활약한 강상우는 "득점 10개, 도움 10개를 기록하겠다"고 했다. 포항 스틸러스와 1라운드에서 맞붙는 조성환 인천 유나이티드 감독은 "1라운드에서 패한 적이 없다"며 필승 의지를 전하면서 "2021년엔 초반부터 잘해 인천 팬들의 마음을 편안하게 해주고 싶다"고 밝혔다.

"설사커는 다음 경기부터", "할 줄 아는 게 그것밖에"

K리그1으로의 승격 전쟁은 이미 시작됐다. K리그2에서도 2021년 개막전을 앞두고 10개 팀 감독과 선수들이 미디어데이 행사에서 치열한 기 싸움을 펼쳤다. 2월 27일 창원축구센터에서 맞붙는 경남FC와 FC안양의 감독들의 입씨름부터 대단했다. 설기현 경남FC 감독은 "2020년 시즌엔 득점도 많았지만 실점도 많았다. 그래서 선수 영입을 통해 수비 보강을 했다"며 "구단에서도 적극 지원한 덕에 원하는 선수를 데려올 수 있었다"고 자신감을 내비쳤다.

2020년 시즌 수원FC와의 플레이오프에서 패해 아쉽게 승격을 놓친 경남FC는 2021년 시즌 2부 리그에서 우승 후보로 꼽힌다. 겨울 이적 시장에서 이정협, 임민혁, 김영찬, 윌리안 등을 영입하며 스쿼드를 업그레이드했다. 설기현 경남FC 감독은 "2020년 시즌 때 부족했던 부분을 동계 훈련을 통해 보완했다. 이번 시즌은 기대해도 좋다"고 말했다.

개막전 상대는 이번 이우형 초대 감독이 새 사령탑으로 부임한

FC안양이다. 이감독은 "2020년 시즌 설기현 감독이 보여준 이른바 '설사커'는 대단히 모험적이고 도전적인 전술이었다. 같은 지도자로서 박수를 보낸다"고 했다. 그러면서도 "설사커는 우리가 아니라 다음 경기부터 쓰면 좋겠다"며 한 발 빼자, 설감독은 "할 줄 아는 게 그것밖에 없어서 어려울 것 같다"고 받아쳤다.

김천으로 연고지를 옮겨 K리그2에서 새 시즌을 시작하는 김천 상무도 강력한 우승 후보로 꼽힌다. 김천 상무는 2월 27일 안산와 스타디움에서 안산 그리너스와 만난다. 김태완 김천 상무 감독은 "아직 김천이라는 이름이 입에 덜 붙은 건 사실"이라면서 "2021년에도 선수들이 경기장에서 최대한 재미있게 즐길 수 있도록 지시할 것"이라고 말했다.

K리그2는 정규 리그 1위 팀이 다음 시즌에 K리그1으로 자동 승격한다. 2~4위 팀 중 한 팀은 플레이오프와 1부 리그 하위 팀과의 승강 플레이오프를 거쳐 1부 리그로 올라갈 수 있다.

새 얼굴들, 새 바람 일으킬까

2021년 K리그는 '새 얼굴, 새 바람' 기대를 안고 막을 연다. 2020년 시즌 개막 때와 비교하면 전체 12개 구단 가운데 무려 6개 구단의 감독이 교체됐다. 특히 우승팀과 준우승팀 감독이 모두 바뀐 보기 드문 시즌이 펼쳐진다. 전북 현대모터스와 울산 현대 간의 우승 레이스가 2021년 어떻게 전개될지 기대되는 이유가 여기에 있다. 2020년 시즌 강등권을 맴돌다 후반기에 감독을 교체해 효과를 보고 K리그1에 잔류한 수원 삼성과 인천 유나이티드의 반등도 기대해볼 만하다.

해외 진출설이 돌던 '올해의 감독' 김기동을 붙잡은 포항 스틸러스를 비롯해 김천 상무(상주 상무), 대구FC, 강원FC, 성남FC, 그리고 승격 팀인 제주 유나이티드까지 6개 구단은 2020년 한 해를 책임진 감독들과 동행을 결정했다. 나머지 6개 구단의 감독들은 자신의 손으로 선수단을 꾸리는 첫 시즌이 된다. 2020년 시즌 하반기에 중도 합류한 박건하 수원 삼성 감독과 조성환 인천 유나이티드 감독을 포함해, 전북 현대모터스와 울산 현대가 각각 선임한 김상식, 홍명보 신임 감독이 그렇다. 광주FC와 FC서울은 사실상 사령탑을 맞바꿨다. 2019년 광주FC를 K리그1로 이끈 뒤 2020년 창단 첫 파이널 A에 올려놓은 박진섭 감독은 FC서울의 사령탑으로 발탁됐고, 광주FC는 2019년 최용수 전 FC서울 감독의 사퇴 이후 감독대행을 맡았던 김호영 코치를 정식 감독으로 승격시키면서 2021년을 준비한다.

이렇게 감독들이 새로 바뀐 데다 주니오와 타가트 같은 국내무대에서 활약하던 골잡이들이 떠나면서 득점왕 경쟁도 치열해졌다. 전북 어드바이저로 K리그에 처음 발을 들인 박지성, 강원FC 대표로 행정가의 꿈을 펼치는 이영표의 방향성에도 관심이 쏠리는 시즌이다.

김상식 "5연패 가자", 홍명보 "이번엔 우리가"

2019년과 2020년 두 시즌에 걸쳐 마지막 라운드까지 우승 경쟁을 벌인 전북 현대모터스와 울산 현대는 이번 시즌을 앞두고 나란히 새 사령탑을 선임했다. 김상식 전북 현대모터스 감독은 '화공 축구'를, 홍명보 울산 현대 감독은 중원 장악을 통한 '밸런스 축구'를 예고했다. 2020년보다 업그레이드된 전력으로 우승 경쟁을 펼칠 것으로 예상되는 가운데 '현대가 매치' 또한 더 뜨거워질 전망이다.

두 팀의 공통점은 일단 팀 전체 연령층이 한층 젊어진다는 점이다. 2021년 45세인 김상식 감독은 39세인 김두현을 수석코치로, 2002년 한일 월드컵에서 수문장이던 이운재를 골키퍼코치로 앉혔다. 선수단도 이동국의 은퇴로 좀 더 젊어진다. 김감독과 마찬가지로 홍명보 감독도 K리그 구단의 지휘봉을 처음 잡는다. 그가 이끄는 울산 현대도 베테랑 선수가 주축이 되던 기존 라인업을 조금 손볼 가능성이 높다. 2012년 런던 올림픽에서 동메달이라는 결실을 내고 지도력을 인정받은 홍감독의 선수 발굴과 육성능력이 접목된다면 리빌딩과 우승이라는 두 마리 토끼를 모두 노려볼 수 있다.

2009년부터 선수와 코치로 13년간 전북 현대모터스와 함께해온 김상식 감독은 선수단 파악은 물론 팀 철학까지도 꿰고 있어 감독 첫해 우승 가능성이 꽤나 높다는 평가를 받는다. 개막 미디어데이에서 "목표는 리그 5연패, FA컵 2연패, 아시아축구연맹 챔피언스리그 우승"이라며 당당히 '트레블'을 외칠 정도다.

홍감독은 K리그 사령탑 데뷔 시즌부터 2년 연속 준우승의 아쉬움을 풀어야 하는 중책을 떠안았다. 그는 "전북 현대모터스와의 맞대결에서 패하지 않는 것이 우승에 큰 영향을 줄 것"이라며 라이벌전에서 필승한다는 각오를 드러냈다. 실제 2020년 시즌 울산현대는 전북 현대모터스(46골)보다 많은 54골을 넣었지만 맞대결에서 매번 패하며 2인자에 머물렀다.

주니오 빠진 무대, 새 득점왕은?

2020년 울산 현대에서 27경기 26득점이라는 경이로운 기록을 세운 뒤 중국 창춘 야타이로 떠난 주니오의 빈자리를 누가 채울지도 관심사다. 수원 삼성의 골잡이였던 타가트도 일본 세레소 오사카로 이적하면서 외국인 공격수의 득점왕 레이스는 벌써부터 흥미를 끈다.

일단 2020년 포항 스틸러스에서 19골을 터트리며 득점 2위에 오른 뒤 2021년 전북 현대모터스의 유니폼으로 갈아입은 일류첸코가 가장 유력한 후보로 떠오른다. 일류첸코는 2020년 한 해 동안 FA컵까지 포함하면 총 30경기에 나서 22골 9도움을 기록해, 경기당 1개 이상의 공격포인트를 세웠다. 2020년 7월 전북 현대모터스에 입단해 K리그 적응을 마친 구스타보도 위력적이다.

FC서울과 수원 삼성도 검증된 외국인 선수들을 영입해 명가 재건에 시동을 건다. FC서울은 2020년 포항 스틸러스에서 13골을 기록한 팔로세비치를 영입했고, 수원 삼성은 2018년 강원FC에서 24골을 몰아 넣은 뒤 2020년 시즌까지 K리그2 경남FC에서 활약했던 제리치를 데려갔다. 인천 유나이티드와 2023년까지 계약한 무고사는 시즌 전에 코로나19 확진 판정을 받은 와중에도 팀의 '생존왕' 꼬리표를 떼겠다는 각오가 남다르다.

박지성과 이영표는 행정가로 새 출발

현역 시절 K리그 무대에서 활약하지 않았던 박지성은 전북 현대모터스의 클럽 어드바이저로 나서며 K리그 무대에 입성했다. 전북 현대모터스라는 한 클럽의 어드바이저로 위촉된 것이지만, 그의 목표는 'K리그 우승'보다 더 높은 곳을 향해 있다. 박지성은 '전북 현대모터스에서 구체적으로 어떤 역할을 하게 되냐'는 기자들의 질문에 "유럽의 유소년 축구 시스템 도입이 필요하다"는 이야기를 꺼냈다. K리그 1강으로 자리를 굳힌 전북 현대모터스를 통해 한국 유소년 축구의 변화를 이끄는 역할을 하고 싶다는 것이다.

위촉 기자회견에서 그는 "맨체스터 유나이티드, 아약스, PSV 에인트호벤 등을 가봤고, 거기에서 지원하는 유소년 축구의 중요성은 내가 생각했던 것 이상이었다"며 "전북 현대모터스의 유소년 클럽이 단지 1군에 좋은 선수들을 보내는 것뿐 아니라, K리그에서 가장 많은 프로 선수를 배출하는 클럽이 되기를 희망한다"고 말했다. 이런 점에서 전북 현대모터스의 역할과 지원에 대해서도 기대감을 감추지 않았다.

현재 축구 행정가 공부를 위해 영국에서 지도자 과정을 밟고 있는 박지성은 앞으로 영국과 한국을 오가며 전북 현대모터스의 비상근 조언자 역할을 하게 된다. 그가 전북 현대모터스와 손을 잡게 됨으로써 K리그 흥행 면에서도 분명 호재가 될 전망이다. 10여 년간 유럽 무대에서 활약하며 선진 구단 운영 시스템을 경험한 박지성의 조언은 아시아 명문 클럽으로 발돋움하는 전북 현대모터스를 넘어 K리그 전반에 힘이 될 것으로 보인다.

이영표는 여러 팀에서 제안을 받다가 고심 끝에 고향 팀인 강원FC를 선택했다. 이대표는 2020년 12월 기자간담회에서 최상의 경기력, 팬들에게 매력을 발산하는 것, 안정된 재정이라는 삼박자를 명문 구단의 조건으로 꼽았다. 그는 "이를 위해 좋은 선수를 데려와 성적을 냄으로써 팬을 늘리고, 더 나아가 기업들의 투자 유치로 이어지는 방법을 찾는 게 내가 맡은 역할"이라고 강조했다. 또 "강원도의 모든 아이가 축구를 통해 규칙과 질서, 승리와 패배, 건강한 마음을 배우는 환경을 만들고 싶다"는 포부도 함께 밝혔다.

이대표는 해외 리그에서 뛴 경험을 살려 시스템을 구축하겠다고 약속했다. 그러면서 "유럽에서 16년을 지내며 선수와 감독, 테크니컬 디렉터, 구단 최종 결정권자의 역할이 무엇인지 분명히 알고 있다. 인턴 사원에서 감독에 이르기까지 수평적인 조직 문화를 만들고, 김병수 감독이 원하지 않는 선수는 데려오지 않겠다"고 강조했다.

K리그2엔 아스나위, 중계석엔 배성재 뜬다

K리그2에선 안산 그리너스가 첫 동남아시아 쿼터 선수로 영입한 '인도네시아 축구의 희망' 아스나위에 대한 기대가 벌써부터 높다. 3월 초 자가 격리에서 해제돼 팀 훈련에 늦게 합류한다는 점은 아쉽지만, 김길식 안산 그리너스 감독은 "부지런히 뛰는

투지를 갖췄다"고 칭찬했다. 아스나위 역시 "K리그 같은 수준 높은 무대에서 주전으로 뛸 수 있도록 최선을 다하겠다"며 안산 지역에 거주하는 동남아 국적 축구 팬들의 관심을 기대했다.

중계석엔 SBS 아나운서 출신 배성재 캐스터가 K리그1 자체 중계진에 합류한다. 영국 프리미어리그와 유럽축구연맹 챔피언스리그 같은 해외 축구는 물론, 3차례 월드컵 중계를 경험한 그는 "항상 축구 캐스터로서 커리어의 최종 단계가 K리그 현장 캐스터라고 생각해왔다. 주말마다 전국의 K리그 성지를 방문할 생각에 설렌다"고 전했다.

슈퍼매치, 후끈 달아오른다

'한때 명가' 수원 삼성과 FC서울이 명가 재건의 틀을 잡았다. 수원 삼성은 아시아축구연맹 챔피언스리그 8강 진출로 얻은 자신감에 토대해 한층 탄탄해진 조직력을 선보이겠다는 계획이고, FC서울은 베테랑들을 붙잡고 거물급 선수를 보강하며 팀의 무게감을 키웠다. 구단이 허리띠를 졸라매며 하위권을 오간 탓에 '슬퍼매치'라는 오명을 얻었던 '슈퍼매치'의 옛 명성도 되찾을 수 있을지 주목된다.

2020년 시즌 K리그1에서 각각 8위와 9위에 머물렀던 수원 삼성과 FC서울은 2021년 새 감독 체제에서 '체질 개선'을 준비한다. 우선 수원 삼성은 2021년 시즌을 앞두고 주력 공격수 아담 타가트가 J리그로 이적하면서 생긴 공백을 경남FC에서 영입한 공격수 제리치로 메울 것으로 보인다. 2020년 핵심 미드필더 역할을 충실히 해낸 고승범이 김천 상무 입대를 미루고 수원 삼성과 1년 더 동행할 계획이라 김민우, 한석종 등과의 중원 라인을 더 탄탄히 유지할 수 있게 됐다. 여기에 독일 분데스리가 SC 프라이부르크에서 뛰는 권창훈이 김천 상무 입대를 위해 여름부터 수원 삼성에 합류할 가능성까지 제기되면서 2021년 시즌에 대한 기대도 높아진다.

부상에서 회복한 기성용을 주장으로 선임한 FC서울은 2020년 시즌 광주FC를 창단 첫 파이널 A로 이끈 박진섭 감독의 지도력과 시너지를 기대한다. 베테랑 박주영, 오스마르와 재계약한 FC서울은 국가대표 미드필더 나상호를 영입한 데 이어 2020년 시즌 포항 스틸러스에서 14골 6도움으로 이미 실력을 검증한 외국인 선수 팔로세비치를 영입했다.

2021년 시즌 K리그1 개막전

2021년 2월 27일 K리그 개막 현장엔 설렘과 긴장이 공존했다. 사회적 거리두기 단계가 완화됨에 따라 K리그는 두 시즌 만에 팬들 앞에서 유관중 개막전을 치를 수 있게 됐다. 코로나19 확산으로 석 달 가까이 개막을 미뤘던 2020년과 달리, 2021년엔 자리 잡힌 시민들의 방역 의식에 힘입어 총 38라운드를 모두 소화하겠다는 계획이다. 다만 관중 수 제한이나 지정석 관람 제한 등은 유지됐다. 거리두기 2단계가 적용되는 수도권의 경기장은 전체 수용 인원의 10퍼센트, 1.5단계가 적용되는 비수도권에선 30퍼센트의 관중이 입장할 수 있었다. 경기장마다 들어서는 선수단과 취재진은 물론 입장 관중 전체를 대상으로 발열 체크를 진행했다. 팬들은 질서 정연히 1미터 이상 거리를 두고 입장함으로써 방역에 동참했다. 경기장에 들어서선 최소 세 자리 이상 떨어져 앉아 함성 없이 '박수 응원'을 펼쳤다.

특히 경기장을 찾은 관중 6199명의 관전 의식이 돋보였다. 입장 후에도 모든 관중은 마스크를 벗거나 입과 턱에 걸치지 않았고, 취식 행위 같은 관람수칙 위반으로 적발된 사례도 없었다. 하프타임에도 관중이 일시적으로 몰리는 화장실 및 매점 등에서 거리두기가 잘 지켜졌다.

김상식 전북 현대모터스 감독은 사령탑 데뷔전에서 승리를 거뒀다. 개막 이틀째인 포항에선 김기동 감독이 송민규의 결승골 덕에 인천 유나이티드에 2대 1 승리를 거두며 활짝 웃었다. 조성환 인천 유나이티드 감독은 비록 패배를 안았지만 전반 27분 아길라르의 선제골로 앞서가는 등 무기력한 모습으로 하위권에 머물던 2020년과는 확 달라진 모습을 보여줬다.

K리그2에선 신임 사령탑들의 반란이 이어졌다. FC안양은 경남FC에 2대 1 승리를 거뒀고, 대전 하나시티즌도 부천FC와의 경기에서 후반 45분에 터진 에디뉴의 결승골에 힘입어 2대 1 승리를 거뒀다.

전북 현대모터스 vs FC서울

김상식 감독이 이끄는 전북 현대모터스가 전주월드컵경기장에서 열린 2021년 K리그1 공식 개막전에서 FC서울의 수비수 김원균의 자책골과 바로우의 쐐기골로 FC서울에 2대 0 승리를 거뒀다. 10시즌 연속 개막전 무패(9승 1무) 행진도 이어가면서, K리

전주월드컵경기장에서 열린 2021년 K리그1 공식 개막전, 전북 현대모터스와 FC서울.
사진 한국프로축구연맹

그 5연패를 향한 발걸음을 내디뎠다. 반면에 박진섭 감독은 FC서울 데뷔전에서 패배의 쓴맛을 봤다.

전반전엔 FC서울이 왼쪽의 나상호와 오른쪽의 조영욱, 두 발빠른 공격수를 앞세워 측면 공략에 성공하면서 주도권을 잡았다. 나상호는 전반 2분 센터 서클 부근에서 공을 잡아 빠르게 전북 현대모터스 진영을 돌파해 들어간 뒤 골 지역 오른쪽에서 상대 수비수 김민혁을 앞에 두고 슈팅을 날렸으나 골키퍼 송범근에게 막혀 아쉬움을 삼켰다.

전북 현대모터스는 전반 내내 고전했지만 후반에 살아났다. 김상식 감독은 후반 13분 구스타보와 류재문을 빼고 2021년 시즌을 앞두고 포항 스틸러스에서 영입한 일류첸코, 전북 현대모터스에서 두 번째 시즌을 뛰는 바로우를 한꺼번에 투입했다. 결국 후반 30분 상대의 자책골을 유도해 골문을 열었다. 왼쪽에서 김보경이 일류첸코의 머리를 겨냥해 올린 프리킥을 상대 수비수 김원균이 머리로 걷어낸다는 것이 골대 오른쪽으로 향해 전북 현대모터스의 결승골이자 2021년 시즌 K리그1 첫 골이 됐다. 전북 현대모터스는 후반 48분 김보경의 크로스를 바로우가 문전 슈팅으로 마무리해 2대 0으로 승리에 마침표를 찍었다.

김상식 감독은 경기 후에 가진 기자회견에서 "선수들이 초보 감독 밑에서 고생했다. (개막 전에 약속한) 경기당 2골을 넣겠다는 약속을 지켜 흐뭇하다"고 했다. 이날 전반부터 교체 카드를 든 김 감독은 후반에 주전 골키퍼인 송범근을 빼고 김정훈까지 투입하는 등 교체 카드 5장을 모두 썼다. 그는 "과감한 교체를 준비했다. 김승대는 죽기 살기로 뛰겠다고 했다"고 전하기도 했다.

수원 삼성 vs 광주FC

수원 삼성이 2020년 아시아축구연맹 챔피언스리그에서 8강에 진출한 저력을 제대로 입증하며 희망찬 2021년 시즌을 예고했다. 수원 삼성은 수원월드컵경기장에서 열린 광주FC와의 1라운드 경기에서 후반 5분에 터진 김건희의 결승골로 1대 0 승리를 거뒀다. 경기를 통틀어 슈팅 수는 22대 2로 압도적이었고, 유효슈팅도 10대 1로 앞섰다.

2020년 시즌이 끝나고 동계 전지훈련 기간 동안 김태환, 한석종, 이기제, 김건희 등 국내파 선수들의 조직력을 극대화한 수원 삼성은 이날 경기 내내 주도권을 내주지 않으며 상대의 골문을 두드렸다.

전반 2분 고승범의 중거리 슛으로 포문을 연 수원 삼성은 4분 뒤 김건희의 터닝슛이 골문을 아슬아슬하게 비껴가며 아쉬움을 삼켰다. 이후에도 압도적인 경기력을 보이면서 수비에서도 엄원상을 앞세운 광주FC의 공격을 무력화했다.

득점은 후반 6분 김건희의 발에서 터졌다. 고승범이 페널티 박스 안에서 살짝 내준 공을 김건희가 오른발 슛으로 마무리했다. 이때까지 수원 삼성의 맹공을 막아내던 광주FC의 골키퍼 윤보상은 방향을 예측했지만, 수비수 이한도의 몸에 맞고 굴절된 공은 골망을 흔들었다. 행운이 따른 이 득점은 이날의 결승골이 됐다.

박건하 수원 삼성 감독은 첫 승리의 기쁨을 이렇게 말했다. "첫 경기라 부담이 있었지만 개막전 승리라는 좋은 결과를 얻었다. 외국인 선수들의 컨디션을 올리고 조직력을 맞추기가 어려웠지만, 국내 선수들끼리 조직력이 잘 맞아서 첫 경기에서 귀중한 승리를 거둘 수 있었다." 김건희의 '행운의 골' 상황에 대해선 "잘 들어가는 골도 있지만 이런 골도 언제든 있다"고 했다. "좋은 능력을 가진 선수"라며 "오늘의 골이 앞으로 리그를 치르는 데 원동력이 될 수 있기 바란다"고 했다.

펠리페의 부상이라는 악재를 만나 제대로 된 공격력을 보여주지 못한 채 첫 경기에서 패한 김호영 광주FC 감독은 "펠리페 출전 여부는 좀 더 지켜봐야 할 것 같다"고 했다.

울산 현대 vs 강원FC

홍명보 울산 현대 감독이 19년 만에 돌아온 K리그 피치에는 비가 내렸다. 하지만 홈 개막전을 맞은 울산문수축구경기장엔 궂은 날씨에도 3900여 팬들이 찾았다. 거리두기를 하고 우산을 쓴 채 육성 대신 과거 녹음해놓은 응원 소리와 환호를 보내며 끝까지 자리를 지켰다. 홍감독도 승부가 기운 경기 후반까지 비를 맞으며 선수들에게 쉼 없이 지시를 내렸다. 90분 경기가 끝난 뒤에는 패딩이 비로 흠뻑 젖어 있었다.

울산 현대는 강원FC와의 경기에서 5대 0으로 대승을 거뒀다. 취임 기자회견 당시 홍감독이 내건 "화끈한 공격 축구를 보여주겠다"던 공약이 현실이 되는 순간이었다. 강원FC는 울산 현대에 유독 약한 징크스를 2021년 시즌 첫 대결에서도 벗어나지 못했다.

시원한 골 잔치도 골 잔치였지만, 완벽한 데뷔전을 위해 비를 맞으며 지시를 내리는 홍감독의 모습이 홈 관중들의 눈을 사로잡았다. 홍감독은 경기를 마친 뒤 기자회견에서 "우리 선수들을 성원하기 위해 모인 팬들도 비를 맞으며 관람을 하는데 저희도 비를 맞는 게 당연하다"고 말했다. 또 "개막전이다 보니 선수들끼리 잘 맞지 않는 부분이 있었다. 장면 장면마다 코칭을 하기 위해 서 있었다"고 했다.

울산 현대는 경기 동안 총 10번의 유효슈팅을 해 5골을 성공시키는 화끈한 축구를 선보였다. 선제골은 윤빛가람의 프리킥이었다. 김지현이 전반 27분에 페널티 박스 바로 바깥쪽에서 수비를 제치고 돌파하면서 파울을 얻어내자 윤빛가람이 바로 오른발 슈팅을 때려 상대의 골문 우측 상단을 흔들었다.

이후에도 울산 현대의 공격은 멈추지 않았다. 강원FC의 임채민이 후반 5분 이동준의 역습을 막으려다 경고를 받고 퇴장당한 뒤엔 분위기가 완전히 울산 현대 쪽으로 넘어갔다. 울산 현대는 임채민의 파울로 얻은 프리킥을 기습적으로 전개해 김기희의 터닝슛으로 두 번째 득점을 올렸다. 이어 후반 11분에는 이동경의 패스를 이동준이 칩샷으로 마무리했다. 김인성은 7분 간격으로 골을 터뜨리며 멀티 골을 완성했다. 후반 18분에 패널티 박스 정면에서 강력한 슈팅을 성공시켰고, 25분에는 김지현의 패스를 논스톱 슈팅으로 마무리했다.

홍감독은 기자회견에서 "19년 만에 K리그 피치에 섰는데, 물론 유니폼은 입지 않았지만 전혀 낯설지 않았다. 어떻게 보면 따뜻한 분위기를 느꼈다"고 소감을 밝혔다. 선제골을 넣어 분위기를 반전한 윤빛가람에 대해서도 "좋은 경기를 펼치고 골까지 넣어줘서 고맙다"고 칭찬했다. 2021년 시즌을 앞두고 이적설이 돌던 윤빛가람은 선발 출전을 하며 잔류를 공식화했다.

대승에 대해선 "전혀 예상치 못한 결과가 나왔다. 이런 큰 득점으로 이길 줄은 몰랐다"면서 선수들에게 공을 돌렸다. "경기 초반 시작하자마자 실점 위기도 있고 어려움도 있었는데 선수들이 잘 넘기고 리듬을 찾아갔다. 윤빛가람의 프리킥 득점 이후에도 계속 집중하자는 의지가 강했는데 선수들이 잘 맞춰줬다."

포항 스틸러스 vs 인천 유나이티드

포항 스틸러스가 포항스틸야드에서 열린 2021년 시즌 홈경기 개막전에서 인천 유나이티드에 2대 1로 짜릿한 역전승을 거뒀다. '돌아온 연어' 신광훈은 복귀전에서 동점골을 팬들에게 선물했고, 송민규는 개막전부터 역전골을 성공시키며 기대감을 높였다.

2020년 시즌에 리그 최상급 득점력을 보여준 포항 스틸러스이지만, 이날은 경기 초반부터 공격이 쉽게 풀리지 않았다. 전반 내내 높은 볼 점유율을 보이며 상대를 압박했지만 번번이 수비에 가로막혔다. 16년간 포항에 몸담았다가 2021년부터 인천 유나이티드로 옮긴 김광석은 첫 상대로 친정 팀을 만나 상대의 공격을 차단하며 활약했다.

선제골도 인천 유나이티드가 터뜨렸다. 아길라르는 교체 투입된 지 6분 만인 전반 27분 김도혁의 공을 받아 낮고 빠른 슈팅으로 포항 스틸러스의 골문을 갈랐다. 신광훈은 우측에서 올라온 크로스를 걷어내지 못하며 인천 유나이티드에 찬스를 내줬다.

홈경기에서 먼저 골을 내준 포항 스틸러스는 더욱 공격에 열을 올렸다. 아쉬운 기회가 많았다. 전반 37분 팔라시오스가 페널티 박스 오른쪽에서 올린 크로스를 이현일이 헤더로 연결했지만 이태희 골키퍼의 선방에 막혔고, 박스 바로 바깥쪽에서 얻어낸 프리킥 찬스도 살리지 못했다. 골이 골대에 맞는 불운도 있었다. 포항 스틸러스는 후반 6분 강상우가 왼쪽에서 올린 예리한 프리킥을 이승모가 영리하게 헤더로 연결했지만, 오른쪽 골대 밑부분을 맞고 나왔다.

동점골은 후반 14분 신광훈이 터뜨렸다. 인천 유나이티드가 코너킥을 맞은 상황 이후 이어진 포항 스틸러스의 역습을 김도혁이 제대로 걷어내지 못했고, 흘러나온 공을 본 신광훈이 살짝 잡아놓고 오른발 중거리 슛으로 마무리했다. 공은 공교롭게도 김광석을 맞고 살짝 굴절되면서 인천 유나이티드의 골망을 흔들었다.

2021년 시즌 기대를 모으고 있는 송민규가 역전골의 주인공이 됐다. 송민규는 후반 26분 강상우가 패널티 박스 왼쪽에서 델브릿지를 제치고 찬 슈팅이 골키퍼에 막히자 튕겨 나온 공을 골대 바로 앞에서 잡아 침착하게 골로 연결했다.

짜릿한 역전극을 일궈낸 김기동 포항 스틸러스 감독이 경기 직후 꺼낸 첫마디는 "선수들에게 미안하다"는 사과였다. 그는 경기를 마치고 기자들과 만나 "기자회견을 하기 전에 먼저 선수들에게 미안하다는 말을 하고 싶다"고 말문을 열었다.

"많은 선수가 나가고 들어오면서, 기존 선수와 새 선수 사이에 축구에 대한 생각 차이가 있어 맞지 않는 부분이 있었다. 열흘 전 선수들이 좋지 않은 모습을 보여서 싫은 소리를 많이 했다. 분명 선수들이 첫 경기를 잘할 것이라고 믿으면서도 다그쳤던 부분이 있다. 미안하게 생각한다. 선수들을 믿어야 한다고 다시 한 번 느꼈다. 선수들이 조그마한 의심도 다 털어내고 하나가 되는 모습을 보여줬다."

이날 김감독은 후반전에 들어 선수 교체와 함께 수비수 신광훈의 위치를 중앙으로 옮기는 등 변화무쌍한 전략으로 역전을 이끌었다. 신광훈의 위치 변경에 대해선 "상대 팀의 아길라르에 대해 여러 옵션을 생각했는데, 신광훈이 제일 좋을 것 같아 중앙에 세웠다. 물론 사이드에서도 활용할 수 있지만 중앙 쪽에서 더 좋은 역할을 할 것 같았다"고 밝혔다. 역전골을 터뜨린 송민규에 대해서도 "스물두 살인데 벌써 베테랑 선수의 역할을 하고 있다"며 칭찬을 빼먹지 않았다.

5년 만에 포항스틸러스의 유니폼을 입은 신광훈이 복귀전에서 동점골을 터뜨리며 팬들에게 강렬한 인상을 남겼다. 신광훈은 경기 후 기자회견에서 "5년 만에 집으로 들어온 듯한 느낌이 들어서 편하게 경기할 수 있었다. 그래서 좋은 결과가 있었던 것 같다. 운도 따랐다"고 소감을 전했다. 또 "예전에 있을 때는 중고참 정도였는데, 이제 최고참이 돼 돌아왔다. 혼자 온 것이 아니고 여럿이 함께 와서 시너지가 나오는 것 같다. 후배들도 잘 따라오니 팀 분위기가 좋다"고 설명했다.

역전골의 주인공 송민규는 "첫 경기를 잘 끊어야 한다고 생각했는데 승리를 따게 돼 기쁘다"고 말했다. 2021년 활약이 기대되는 그에겐 상대팀의 견제가 그만큼 더 심해질 것으로 예상된다. 이에 대해 송민규는 "성장하기 위해선 그런 것 또한 이겨내야 한다"고 각오를 밝혔다. "상대 팀 선수들의 견제를 받는 것은 당연하다. 포항 스틸러스에서 주축 선수로 살아남으려면 그런 집중 견제쯤은 이겨내야 한다. 여기서 이겨내면 또 한 단계 성장하지 않을까 생각한다."

친한 선배인 김광석이 인천 유나이티드로 이적한 뒤 첫 경기를 펼친 소회도 밝혔다. 송민규는 '자신의 축구 패턴을 잘 아는 김광석이 수비를 해 어렵지 않았느냐'는 질문에 "축구는 혼자 하는 게 아니라 팀플레이다. 내가 막힌다면 다른 팀원들이 해결하고 풀어줄 거라고 생각했다"고 답했다. 그러면서 "광석이형은 늘 '다치지 말고 더 높이 올라가라'고 말해준다. 항상 감사함을 느끼고 있다"고 말했다.

'축구 수도' 수원에 진짜 더비 매치가 돌아왔다!

수원 삼성과 수원FC 간 '수원 더비'가 돌아왔다. 2016년 10월 30일 맞대결 이후 수원FC가 K리그2로 강등하면서 멈춰 섰던 수원 더비는 수원FC가 2020년 시즌 승격을 확정하며 2021년부터 재개됐다.

같은 연고지를 쓰는 수원 삼성과 수원FC 간 대결은 K리그 모든 라이벌전을 통틀어 지역 프로축구팀들 간의 경기를 일컫는 '더비 매치derby match'의 의미에 가장 부합하는 맞대결이다. 2016년 수원FC가 처음 1부 리그에 합류하면서, 1996년 모든 구단 이름에 지역명을 넣는 완전지역연고제가 도입된 뒤 최초로 같은 연고지의 두 팀이 맞대결을 펼치게 됐다.

수원FC가 실업축구팀이던 2005년(당시 수원시청) FA컵에서 수원 삼성과 맞붙은 적 있지만, K리그에서의 정기적인 맞대결이

2021년 수원 더비 첫 대결 일정이 찍힌 공인구. **사진** 한국프로축구연맹

성사된 2016년을 수원 더비의 진짜 시작으로 본다. 영국 맨체스터 유나이티드와 맨체스터 시티의 '맨체스터 더비', 아스널FC와 첼시FC의 '런던 더비', 이탈리아 AC밀란과 인터밀란의 '밀라노 더비', 스페인 레알 마드리드와 아틀레티코 마드리드의 '마드리드 더비' 같은, 단일 도시명을 새긴 더비 매치가 국내에도 탄생한 것이다.

수원 삼성의 홈구장인 수원월드컵경기장(수원 팔달구 우만동 228번지)에서 수원FC의 홈구장인 수원종합운동장(수원 장안구 조원동 755번지)까지는 차량으로는 10분, 걸어서는 50분 거리다. 이들의 대결이 열린 날, 수원 삼성의 서포터즈 수천 명이 화성 행궁에서 수원종합운동장까지 깃발을 휘두르고 응원가를 외치며 펼친 가두 행진은 대한민국 '축구 수도'의 새 축제를 실감케 했다.

수원 더비는 언제나 치열했다. 2016년 5월 14일 첫 맞대결(2대

1, 수원 삼성 승)과 7월 10일 두 번째 대결(1대 0, 수원 삼성 승),
10월 2일 세 번째 맞대결(5대 4, 수원FC 승), 10월 30일 네 번째
맞대결(3대 2, 수원 삼성 승)까지 모두 한 점 차 승부였다. 비록 상
대적으로 높은 전력을 지닌 수원 삼성이 3승 1패로 앞선 첫해였
지만, 수원FC는 어떤 경기에서도 쉽게 물러서지 않았다.

2021년 재개된 수원 더비는 더 뜨거워질 것으로 보인다. 특히
수원FC는 2016년처럼 바로 강등되지 않겠다면서 1부 리그에 복
귀하는 2021년 시즌을 대비해 대대적인 투자로 이름값 높은 선
수들을 불러 모았다. 박지수, 한승규, 윤영선, 박주호, 김승준 같은
국가대표급 선수들이 수원FC의 유니폼을 입었고 전북 현대모터
스를 거친 외국인 선수 라스와 무릴로의 화력까지 장착했다.

2021년 시즌을 통해 수원 더비를 처음 경험하는 김도균 수원
FC 감독은 시즌 개막 전부터 "수원 삼성과의 맞대결에서만큼은
우세를 가져가고 싶다"고 선언했다. 첫 대결은 수원종합운동장에
서 치러졌는데, 박건하 수원 삼성 감독에겐 적진이기는 해도 그가
선수로 뛰던 당시에는 수원 삼성의 홈구장이었다. 박감독은 "수원
종합운동장은 처음 선수로 입단해 시작했던 곳이고, 득점도 많이
하고, 우승도 한 곳"이라며 "수원FC가 좋은 선수들을 많이 영입
한 만큼, 나뿐 아니라 우리 선수들에게도 강한 동기부여가 될 것
같다"고 했다.

이들 얘기처럼 2021년 시즌 초반인 3월 10일, 5년 만에 펼쳐
진 맞대결에서 뜨거운 공방이 벌어졌다. 비록 0대 0 무승부로 경
기는 마무리됐지만 홈 팀 수원FC는 전반 6개, 후반 11개의 슈팅

2021년 3월 10일 수원종합운동장에서 열린 수원 더비에서 수원FC의 한승규(왼쪽)와 수원 삼성 이기제(오른쪽)가 어깨동무하고 있다. **사진** 한국프로축구연맹

을 쏟아냈고, 수원 삼성은 후반에만 무려 12개의 슈팅을 쏟아내며 상대의 골문을 두드렸다. 한동안 이어질 수원 더비가 더 뜨거워질 거라는 기대를 하기에 충분한 경기 내용이었다.

비록 한 도시 내 팀들 간의 라이벌전은 아니지만 울산 현대와 포항 스틸러스 간 '동해안 더비'는 2021년 시즌부터 '포항 출신 울산 감독' 홍명보의 등장으로 더욱 뜨거워졌다. 홍명보 울산 현대 감독과 김기동 포항 스틸러스 감독은 1991년 포항제철 축구단에 입단한 동기이지만, 당대 최고 스타이던 홍명보와 갓 고등학교를 졸업한 김기동의 입장은 달랐다.

그러나 K리그 감독으로선 김기동이 선배다. 특히 그는 2020년 시즌 팀을 3위에 올려놓으며 지도력을 입증받았다. K리그 역사

2부 K리그 현재

상 최초로 3위 팀의 감독이 올해의 감독상을 수상하는 영예도 안았다. 김감독은 "팬들이 다른 경기는 져도 동해안 더비는 이겨달라고 한다"며 두 팀 간 라이벌전에 큰 의미를 부여한다. 특히 2019년, 2020년 시즌 막판에 한창 울산 현대가 전북 현대모터스와 우승 경쟁을 펼치던 중에 동해안 더비에서 만나 고춧가루를 뿌린 장본인이기도 하다.

선수 시절 포항 스틸야드에서 홈 팀 라커룸만 써왔던 홍명보 감독은 이제 원정 팀 라커룸과 벤치에서 선수들을 지도한다. 그는 "포항 스틸러스는 내가 유일하게 K리그에서 선수 생활을 했던 곳으로, 20대 때의 땀과 열정이 묻은 팀"이라면서도 "이제는 울산 현대의 감독으로 그곳을 찾게 됐는데, 예전에 가졌던 좋은 추억은 잠시 접어두고 멋진 경기를 할 수 있도록 준비하겠다"고 밝혔다. 2021년 시즌 첫 동해안 더비도 수원 더비와 마찬가지로 치열한 접전 끝에 1대 1 무승부로 끝났다.

4부 리그에 뛰어든 '젊은 강원'
한국 축구에 새 화두를 던지다

"프로 23세 이하 자원인 만큼 K4리그에서 가능성 있는 모습을 보여 K리그1에서도 뛰는 게 목표입니다." **강원FC B 조윤성**

"우리 팀은 아마추어 위주라 선수들에게 프로와 부딪치며 배우고, 또 프로 관계자들의 눈에 띌 수 있는 기회가 되고 자극제가 될 것 같습니다." **여주FC 채선일**

젊은 프로 선수들에겐 도약의 기회, 프로 입성을 꿈꾸는 세미프로 선수들에겐 짙은 동기부여 기회가 열렸다. K리그 구단 최초의 B팀으로 아마추어 리그인 K4리그에 참가한 '강원FC B'의 역사가 시작됐다. 팀의 자립도를 높이겠다는 취임 일성을 던진 이영표 대표가 '씨를 뿌리고 물을 주겠다'는 목표로 출범한 팀이다.

강원FC B는 4부 리그 격인 K4리그의 개막 경기가 열린 2021년 3월 14일 경기 여주종합운동장에서 첫발을 내디뎠다. 비록 완전한 형태의 프로 무대는 아니지만, K리그1에 출전할 기회가 적은 젊은 선수들에겐 경기 감각을 유지하며 '콜 업'의 기회를 엿볼 수 있다. 구단 입장에선 K4리그 시즌 초반 5차례 홈경기를 강원 철원에서 치르기로 하면서 연고지 팬들과의 접점도 높였다.

이날 경기장을 찾은 김병지 대한축구협회 부회장은 "강원FC B는 유럽형 디비전 시스템에 한 발 더 다가서는 계기"가 될 것이라면서 "제도 정비를 해가며 다른 프로구단들도 B팀을 창단해 하부리그에 참가한다면 팀은 물론 국내 성인 축구의 경쟁력도 함께 올라갈 것"이라며 기대를 드러냈다. 실제 이승우가 소속된 FC바르셀로나도 리저브 팀인 B팀을 운영해 하부 리그인 세군다 디비전에 참여하고, 유망주 위주의 후베닐 A·B, 카데테 A·B 등을 쪼개 운영한다.

강원FC B의 출범은 한국프로축구연맹이 2020년 12월 K3와 K4 리그를 주관하는 대한축구협회와 협의해 프로팀이 별도의 B팀을 구성해 K4리그에 참가할 수 있도록 제도를 개편하면서 가능해졌다. 단 출전 선수 11명 가운데 23세 이하 선수가 7명 이상이어야 하며, 프로 경기에 출장한 횟수가 일정 기준을 초과할 경우 B팀 참가가 제한된다. B팀을 운영하는 목적을 철저히 선수 육성에 맞췄다는 얘기다. 강원FC B의 박경배는 "뛸 기회가 많지 않는데 B팀에서 출전 기회를 가질 수 있다는 건 선수로서 감사한 일"이라고 했다.

강원FC B의 출범은 강원FC뿐 아니라 세미프로 리그인 K4리그에도 자극이 된다. 과거 내셔널리그(실업축구) 구단들이 자리

잡은 K3리그엔 축구로만 먹고살 수 있는 선수들이 많지만, K4리그의 환경은 조금 다르다. 이날 강원FC B를 상대한 여주FC엔 강원FC 출신 박천호를 비롯해 공익 근무를 위해 임대돼 온 채선일과 윤상호 등 프로 출신 선수들이 속해 있지만 대부분 프로 무대를 밟지 못한 20대 초반 선수들이다.

심봉섭 여주FC 감독은 "우리 선수 가운덴 식당이나 주유소에서 아르바이트를 하면서 뛰는 선수들도 있다"며 "구단 여건상 당장 상위권이나 K4리그 승격을 노리기보다는, 젊은 선수들이 많은 만큼 프로 선수와의 대결이 큰 동기부여가 될 것을 바란다"고 했다. 채선일도 "아무리 상대 선수들이 어려도 프로는 프로"라면서도 "강원FC B으로 인해 보는 눈이 많아진다면 (프로 진출이라는) 간절함을 안고 뛰는 K4리그 선수들도 한 발 더 뛰려 하지 않을까 생각한다"고 말했다.

강원FC B는 출범 첫 경기에서 23세 이하 선수들이 무려 3골을 합작하며 4대 1 대승을 거뒀다. 첫 골은 전반 16분 지의수가 페널티 아크 왼쪽에서 나온 프리킥을 득점으로 연결했다. 여주FC는 후반 8분 임정빈의 득점으로 동점을 만들었지만, 강원FC B는 후반 18분 안경찬의 결승골과 24분 양현준, 후반 추가 시간 1분 송승준의 추가골로 대승을 거뒀다.

영 매니저 성공 시대

열공, 열정, 열린 소통, 40대 지도자 활약 빛난 2020년 시즌

K리그가 '영 매니저 성공 시대'를 맞았다. 2020년 시즌 K리그1, K리그2 감독상을 모두 40대 지도자가 휩쓸면서다. 이들은 선수에게 축구를 가르치고 스타플레이어를 앞세워 단기 성과를 내는 데 주력한 전통적 감독(head coach) 역할을 넘어, 구단 미래의 틀을 짜면서도 선수들과 적극적인 소통을 이루는 매니저(manager) 역할을 해내며 '원 팀'을 완성했다.

2020년 시즌 K리그는 1970년대생 젊은 지도자들의 활약이 돋보인 무대였다. 선수 시절에 얻은 명성이나 연륜을 내세우기보다, 뚜렷한 지도 철학과 탐구력에 기초해 팀 컬러를 명확히 한 젊은 지도자들이 저마다 목표로 한 성과까지 거머쥐면서 높은 예산과 톱스타가 전부가 아니라는 걸 입증한 한 해였다.

1부, 2부 리그 감독상을 수상한 김기동 포항 스틸러스 감독과

남기일 제주 유나이티드 감독이 대표 주자다. 김감독은 2019년 4월 최순호 전 감독의 후임으로 포항 스틸러스의 지휘봉을 잡은 뒤 부족한 예산과 스타플레이어 부재에도 부임 2년차에 팀을 3위까지 올려놓았다. 그는 포항 스틸러스에서 선수와 지도자로도 10년 이상 몸담았다. 중국 등 해외 구단의 영입 제안도 있었지만, 그는 포항 스틸러스와 2년 더 계약하며 2021년 시즌 구상에 돌입했다.

2014년 마흔의 나이에 광주FC를 K리그1으로 승격시키며 일찌감치 성공 시대를 맞본 남기일 감독은 2018년 성남FC에 이어 2020년 제주 유나이티드까지 K리그1으로 이끌면서 '승격 전도사'라는 이름값을 다시 한 번 증명해냈다. 그는 지난 성과에 안주하지 않고, 꾸준히 변화하는 세계 축구의 트렌드를 연구해 적용하는 능력이 탁월하다는 평가를 받아왔다. 결국 2020년 그는 앞선 두 차례 승격 때는 누리지 못했던 우승의 기쁨을 맛봤다.

'최고 자리'를 차지한 것은 아니지만, 반신반의하던 지도력을 확실히 입증한 지도자도 있다. 박진섭 전 광주FC 감독은 부임 첫 시즌을 맞은 2019년 팀을 K리그2 우승으로 이끌며 K리그1 승격을 이뤘고, 2020년엔 엄원상 등 젊은 선수들을 앞세워 창단 후 첫 파이널 A에 오르는 쾌거를 얻었다. 결과도 결과이지만 선수층이 얇은데도 위기마다 무너지지 않은 과정이 돋보인다는 평가를 받으면서, 지도자로서의 주가도 폭등했다. 2021년엔 FC서울의 사령탑을 맡아 새로 출발한다.

감독대행 신분으로 2020년 시즌을 시작한 이병근 대구FC 감독은 수문장 조현우 같은 핵심 선수가 이탈하는 악재를 맞고도 팀을 역대 최고 성적과 동률인 5위까지 올려놓으면서 감독대행 딱지를 뗐다. 시즌 막판 강등될 위기에 처한 수원 삼성도 소방수로 나선 레전드 박건하 체제에서 반등했다. 강등이 유력했던 인천 유나이티드를 잔류로 이끈 조성환 감독도 눈에 띈다.

K리그2 무대도 40대 감독들의 지략 대결의 장이 됐다. 김도균 수원FC 감독은 감독으로 데뷔한 첫해 안병준을 앞세워 팀의 공격력을 극대화한 끝에 우승팀 제주 유나이티드(50득점)보다 많은 53득점을 올리며 팀을 K리그1으로 이끌었다. 선수 구성이 제주 유나이티드만큼 화려하지 않았지만, 빠른 공수 전환이나 공간을 활용한 공격으로 수준 높은 경기력을 보여줬다는 평가를 받았다. 아슬아슬하게 감독상을 놓치기는 했지만 김도균 감독도 그에 못지않은 영예를 안았다. 투표에서 동료 감독과 선수들의 표는 김감독에게 가장 많이 몰렸다. 한편 전경준 전남 드래곤즈 감독은 끈끈한 수비 전술로 실점을 25개로 막아 K리그2에서 유일하게 한 경기당 평균 1실점 이하를 기록한 팀으로 만들었다.

한일 월드컵 멤버였던 김남일 성남FC 감독과 설기현 경남FC 감독도 지도자 첫해에 각각 팀의 K리그1 잔류와 K리그2 플레이오프 진출이라는 성과를 내며 가능성을 보였다. K리그1 4연패에 빛나는 전북 현대모터스도 2021년 시즌부터는 김상식 체제로 출범하면서 '영 매니저'들의 지략 대결은 더 뜨거워질 전망이다.

내가 간다, K리그1
2020년 마지막 K리그1 승격

K리그2 준플레이오프 진출팀은 누구?

2020년 11월 말 K리그2에선 대전 하나시티즌과 서울 이랜드, 전남 드래곤즈, 경남FC가 한 장 남은 승격 티켓을 놓고 정규 리그 마지막 경기에 나섰다. 불과 3점 차로 3~6위를 형성한 네 팀은 마지막 경기에서 승리를 거둬 준플레이오프에 진출하는 마지노선인 최종 4위에 안착하는 것을 1차 목표로 잡았다. 3위 대전 하나시티즌(승점 39)은 6위 경남FC(승점 36)와, 4위 서울 이랜드(승점 38)는 5위 전남 드래곤즈(승점 37)와 같은 날 각각 맞대결하게 됐다. 최종전의 결과에 따라 정규 리그 3위, 4위에 오른 팀은 준플레이오프를 치르고 여기서 승리한 팀은 플레이오프에 진출해, 정규 리그 2위를 확정한 수원FC와 경기를 치른다. 그 경기에서 마지막 남은 K리그1 승격 티켓의 향방이 결정된다.

2020년 11월 말 대전 하나시티즌(아래)과 경남FC가 준플레이오프 진출권을 두고 양보할 수 없는 한판 승부를 앞두고 있다. **사진** 한국프로축구연맹

　네 팀은 당초 11월 17일 최종전을 치를 예정이었다. 하지만 대전 하나시티즌 선수 중 한 명이 코로나19 확진 판정을 받으면서 대전 하나시티즌의 경기 일정이 연기됐고, 한국프로축구연맹은 동등한 조건에서 경쟁하도록 준플레이오프에 진출할 가능성이 있는 팀들의 경기를 일제히 11월 21일로 연기했다.

　가장 유리한 고지에 있는 팀은 창단 후 첫 승격을 노리는 대전 하나시티즌이었다. 대전 하나시티즌은 무승부만 거둬도 자력으로 준플레이오프 진출을 확정 지을 수 있었다. 경남FC에 패한다 하더라도 서울 이랜드와 전남 드래곤즈가 무승부로 경기를 마치면 준플레이오프 진출이 가능하다. 승점 다음으로 순위 결정 요소로 작용하는 다득점에서 대전 하나시티즌이 4위 서울 이랜드에 4골 앞서고 있어서다. 대전 하나시티즌은 한 발 더 나아가 3위로

2020년 11월 말 서울 이랜드(위)와 전남 드래곤즈가 준플레이오프 진출을 위해 양보할 수 없는 한판 승부를 벌였다. **사진** 한국프로축구연맹

준플레이오프 진출을 확정 짓겠다는 각오를 세웠다. 이 경우 홈에서 준플레이오프를 치른다는 이점이 생긴다. 조민국 당시 대전 하나시티즌 감독대행은 "수비가 잘 버티면 승산이 있을 것"이라며 희망을 밝혔다.

2년 연속 꼴찌를 기록하던 서울 이랜드는 정정용 감독이 부임한 이후 구단 처음으로 승격을 노리게 됐다. 1점 차로 4위에 오른 서울 이랜드는 이겨야 자력으로 준플레이오프 무대를 밟을 수 있다. 전남 드래곤즈와 비길 경우 대전 하나시티즌과 경남FC 간 경기에서 경남FC가 이기지만 않는다면, 준플레이오프 진출의 불씨를 살려볼 수 있다. 서울 이랜드가 2020년 시즌 전남 드래곤즈에 1승 1무로 앞선다는 점에서 긍정적이지만, 경남FC가 대전 하나시티즌에 1승 1무로 앞선 상황이라 서울 이랜드는 바짝 긴장했다. 반면 전남 드래곤즈와 경남FC는 이겨야만 준플레이오프 진출 가능성을 엿볼 수 있다.

극적인 반전, 정규 리그 최종전과 준플레이오프

그때까지 점치던 경우의 수와 달리 시즌 최종전에서 반전이 일어났다. 6위로 밀려 있던 경남FC는 11월 21일 정규 리그 최종전에서 전반 1분 만에 도동현의 득점으로 앞서나가며 대반전의 신호탄을 쐈다. 호주와 인도, 말레이시아 등지에서 활약하다가 2019년부터 국내 무대에서 뛰기 시작한 도동현의 K리그 데뷔 골이기도 했다. 2020년 시즌에 기업구단으로 변신한 대전 하나시티즌은 패배를 면하기 위해 마지막까지 맹공을 펼쳤지만 결국 도동현에게 내준 실점을 만회하지 못했다.

그런데 같은 시각 잠실종합운동장에서 열린 서울 이랜드와 전남 드래곤즈 간의 맞대결이 1대 1 무승부로 끝났다. 대전 하나시티즌은 어부지리로 4위에 올랐다. K리그2 최종 결과는 경남FC와 대전 하나시티즌이 승점 39로 동률을 이뤘지만, 경남FC가 40득점으로 36득점의 대전 하나시티즌을 득점에서 앞서며 3위가 됐다.

이날 각각 4위와 5위로 출발한 서울 이랜드와 전남 드래곤즈는 최악의 결과를 받아 들였다. 두 팀은 무승부를 기록한 결과, 서울 이랜드는 경남FC, 대전 하나시티즌과 승점은 동률이지만 득점이 33점에 그쳐 5위로 밀려났다. 전남 드래곤즈는 승점 38로

6위가 됐다.

준플레이오프에 진출할 가능성이 가장 희박하던 경남FC가 순식간에 최종 순위를 6위에서 3위로 끌어올리는 순간이다. 극적인 준플레이오프 진출이었다. 경기 후 설기현 감독은 중계방송 인터뷰에서 승리로 이끈 전술이 무엇이었느냐는 질문에 "공격적인 선수를 배치했다"며 "무조건 이겨야 올라가는 상황이라 공격적으로 나섰다"고 말했다. 이로써 설기현 경남FC 감독은 지휘봉을 잡은 첫해에 K리그1으로 승격하는 문을 두드리게 됐다.

11월 25일 경남FC는 창원축구센터에서 열린 준플레이오프에서 대전 하나시티즌과 붙었다. 이번에 유리한 팀은 경남FC였다. 홈경기라는 이점을 누릴 뿐 아니라 비기기만 해도 플레이오프에 진출할 수 있었다. 게다가 2020년 시즌 경남FC는 대전 하나시티즌을 상대로 2승 1무로 앞섰다. 이날 경남FC는 0대 1로 끌려가던 후반 25분 고경민의 귀중한 동점골이 터지면서 1대 1로 비겼다. 결국 준플레이오프에서 무승부시 정규 리그 순위가 높은 팀이 플레이오프에 진출한다는 규정에 따라, 정규 리그 3위이던 경남FC가 4위 대전 하나시티즌을 제치고 2위 수원FC와 플레이오프를 치르게 됐다.

경남FC는 이날 경기에서도 운이 따랐다. 1대 1로 팽팽하던 후반 막판 바이오의 페널티킥 상황에서 실축이 나오더니, 후반 44분 역시 바이오에게 실점하며 무너지는 듯했지만 바이오의 슈팅에 앞서 이정문이 상대 수비수를 넘어뜨리는 반칙이 비디오 판독(VAR)을 통해 잡혀 또다시 실점 위기를 넘겼다. 경기를 마친 뒤 취재진과 만난 자리에서 설기현 감독은 쉽지 않은 경기인데 선수들이 열심히 뛰었고 운도 따라줬다고 했다. 플레이오프에선 "무엇보다 실점하지 않는 게 가장 중요하다"고 강조했다. 상대가 비겨도 된다는 생각으로 방심할 때 기회를 노리겠다는 뜻이었다.

수원FC와 경남FC 최후 일전, 플레이오프

11월 29일 수원FC와 경남FC는 수원종합운동장에서 K리그1 승격을 두고 마지막 승부를 가졌다. 정규 리그 2위로 플레이오프에 직행한 수원FC는 이날 홈구장에서 치르는 경기에서 비기기만 해도 K리그1으로 승격할 수 있었다.

김도균 수원FC 감독은 "비겨도 된다는 생각은 독이 될 수 있다"면서도 "3주간 휴식하면서 경기 감각에 대한 걱정이 있지만 체력적인 부분에선 우위에 있다"며 필승 의지를 보였다. 경남FC는 오랜만에 찾아온 K리그1 복귀 기회에서 물러설 뜻이 없었다. 설기현 감독은 "무조건 이겨야 하는 상황이 더 편하다. 나쁜 상황은 아니다"며 "지거나 비기면 만회할 기회가 없다. 최대한 실점하지 않고 공격적인 부분을 발휘하겠다"고 했다.

사실 수원FC가 2020년 시즌 안병준과 마사를 앞세워 K리그2 최다 득점(52점)을 기록하며 돌풍을 일으킨 팀이었기에 승격 가능성은 경남FC보다 훨씬 높게 점쳐졌다. 또 경남FC를 상대로 수원FC는 2020년 시즌 3전 전승까지 거둬 좋은 분위기까지 이어가고 있었다. 변수는 실전 감각이었다. 준플레이오프 진출을 다툰 네 팀의 최종전 일정뿐 아니라 준플레이오프와 플레이오프 일정도 연기되면서, 이미 2위를 확정한 수원FC는 3주간 휴식기를 가져야 했다. 반면 경남FC는 그사이에 대전 하나시티즌과 최종전과 준플레이오프를 연달아 치르면서 감각을 끌어올렸다.

즉 실전 감각은 준플레이오프를 치른 경남FC가 낫고, 체력적인 부분에선 휴식을 충분히 취한 수원FC가 유리했다. 많이 뛰는 운영으로 체력전을 예고한 김도균 감독은 "단판 승부는 변수가 많아 침착하고 냉정하게 해야 한다. 경고나 퇴장 같은 변수를 없애려면 흥분하지 말아야 한다"고 강조했다. 지켜보는 많은 이들이 이번 경기는 1골 싸움이 될 것이라고 전망했다.

2020년 시즌 마지막 K리그1 승격의 주인공은 수원FC였다. 플레이오프 초반 수원FC가 경남FC에 선제골을 내주며 고전했지만, 경기 막판 찾아온 페널티킥 기회를 대표 골잡이 안병준이 놓치지 않고 성공시키면서 승격을 확정 지었다. 경기는 1대 1로 비겼지만 승리는 정규 리그 성적에서 앞선 수원FC에게 넘어갔다. 5년 만에 승격 티켓을 손에 넣은 수원FC는 2020년 시즌 K리그2 우승팀 제주 유나이티드와 함께 K리그1으로 복귀하는 기쁨을 맛봤다.

이날 이겨야만 K리그1행 막차에 탑승할 수 있던 경남FC는 시작부터 수원FC를 강하게 압박했다. 수차례 수원FC의 골문을 노크하던 경남FC가 선제골을 터트리며 기선을 제압했다. 전반 27분 백성동의 프리킥을 걷어내던 중에 최준에게 공이 넘어갔고, 최준이 과감히 오른발로 중거리 슈팅을 시도했다. 이때 방심하던 수원FC 골키퍼 유현이 손 쓸 틈도 없이 공은 골문 안으로 빨려들어갔고, 경남FC는 1대 0으로 리드를 잡았다. 최준은 전반 45분 또 한 번 수원FC의 골망을 흔들었으나 오프사이드로 무효 처리되며 아쉬움을 삼켰다.

마음이 급해진 수원FC는 후반 들어 전반보다 라인을 끌어올려 더욱 적극적으로 공격을 펼쳤다. 그러나 수원FC의 조급함은 되레 독이 됐다. 견고한 경남FC의 수비벽에 막혀 번번이 흐름이 끊겼고, 수원FC는 점차 패색이 짙어져갔다. 그러다 후반 추가 시간에 극적인 동점골이 터졌다. 페널티 지역 내 경합 상황에서 비디오 판독을 한 끝에 수원FC에 페널티킥을 차는 기회가 찾아온 것이다. 안병준이 키커로 나섰고, 그의 강력한 오른발 슈팅이 경남FC의 골문을 흔들며 경기는 그대로 종료됐다.

이날의 영웅 안병준은 경기가 끝난 후 기자회견에서 "극적인 마무리로 승격을 이뤄낼 수 있어서 기쁘다"고 소감을 밝혔다. 또 경기 전반에 걸쳐 패색이 짙었던 이유에 대해 이렇게 설명했다. "전반부터 우리 팀이 반응이 늦고 몸이 따라주지 않는 걸 느꼈다. 선제골을 내어주고 정신적으로 흔들리는 시간이 있었는데, 전반이 끝나고 '괜찮다'며 서로를 다독인 뒤 후반전에 임했다. 후반전도 내용이 좋지는 않았지만, (동료들끼리) 격려하면서 마지막까지 해낸 덕에 이런 결과가 나올 수 있었다." 페널티킥 기회가 찾아왔을 때의 심정도 밝혔다. "내가 페널티킥을 차면 경기가 끝난다는 사실을 알고 있어서, 차기 전에 정신적으로 준비했다. 속으로 끊임없이 '이런 상황에서 골을 넣어야 진짜 가치 있는 선수다'라고 되뇌었다."

그는 천금 같은 페널티킥 기회를 성공시키면서 벼랑 끝에 몰려 있던 수원FC를 살렸다. 2020년 시즌 K리그2에서 총 21골을 넣은 안병준은 이 결승골로 득점 2위 안드레(대전 하나시티즌)와의 격차를 8골 차로 벌렸다. 이후 안병준은 K리그2 최고득점상 수상과 함께 MVP에 선정되는 영예를 안았다. 북한 축구대표팀 출신이 시즌 MVP에 선정된 것은 K리그 38년 역사상 처음 있는 일이다. 안병준은 2019년 시즌을 앞두고 일본 J리그에서 수원FC로 이적하며 K리그에 도전했다. 2019년에 17경기에서 8골을 터뜨리고 2020년에도 경기당 0.81골을 기록하며 '인민날두'라는 애칭을 얻었다.

수원FC를 5년 만에 K리그1 무대로 이끈 김도균 감독은 두 살아래인 적장 설기현 경남FC 감독의 승복과 축하 메시지에 고마움을 전했다. 중요한 경기에서 경기가 끝나기 직전 민감한 판정 끝에 내려진 페널티킥으로 운명이 갈렸지만, 깨끗이 패배를 인정하고 상대를 치켜세운 설감독을 그는 높이 평가했다. 김감독은 인터뷰에서 "우리가 정규 리그에서 2위를 했고 승격도 하게 됐지만, 경남FC가 더 좋은 팀이었다고 생각한다. 플레이오프에서도 경기력만 놓고 보면 경남FC가 더 잘했지만 무승부로 우리가 승격하게 돼 오히려 내가 미안했다"고 말했다.

설감독으로선 울화통이 터질 상황이었지만 경기가 끝난 후 기자회견에서 판정을 탓하기보다 "앞으로 (경남FC에서) 그런 장면이 나오면 안 될 것 같다"고 돌아봤다. 그러면서 "왜 수원FC와 (정규 리그) 승점 차가 15점이나 벌어졌는지 알 수 있었다"며 패배를 인정했다. 그러면서 플레이오프까지 오른 데 따른 공은 선수들에게 돌리고, 과는 본인이 떠안았다.

이날의 장면을 돌아본 김도균 감독은 "설감독이 나보다 어리지만 그런 모습을 높게 본다"며 "설감독도 나와 마찬가지로 1년차라서 철학이나 전술이 팀에 다 녹아들지 않았다고 생각한다. 막판에 무서운 모습을 보여준 것을 보면 2021년에 승격을 기대해 볼 만하다"고 덕담을 건넸다.

"괜찮아, 직관이야"
코로나19 시대, 비 오는 날의 2020년 시즌 첫 '직관' 풍경

K리그 '직관'(직접관람)이 이렇게 소중하게 느껴졌던 때가 또 있을까. 2020년 시즌 K리그는 코로나19 직격탄을 맞았다. 2월 말로 예정돼 있던 개막이 석 달가량 미뤄졌고, 5월 8일 무관중 상태에서 개막한 이후 다시 석 달이 지나 8월 1일부터 소수의 관중을 허용했다.

8월 1일 토요일 축구장의 잔디 내음에 목말라 있던 팬들에겐 단비였다. K리그가 관중을 허용한 첫 주말 전국 대부분 지역에 비가 내리던 중에도 1만 3000명가량이 경기장을 찾았다. 팬들은 비록 홀로 앉아 박수로만 선수들을 응원해야 했지만 '직관'이 주는 설렘에 비가 들이쳐도 꿋꿋이 자리를 지켰다.

한국프로축구연맹에 따르면 8월 1일과 2일에 치러진 K리그1 14라운드 6경기와 K리그2 13라운드 5경기에는 총 1만 2623명의 관중이 찾았다. 그중 유료 관중은 1만 11544명으로 전체 관중의 91.45퍼센트를 차지했다. 가장 많은 관중이 찾은 경기장은 172일 만에 문을 연 전주월드컵경기장이었다. 연맹의 지침에 따라 전체 좌석 규모의 10퍼센트인 4205석이 개방된 가운데 총 3048석(유료 관중 2959명)이 채워졌다. '직관'을 기다리던 팬들 덕에 티켓은 불티나게 팔렸다. 전북 현대모터스 구단 관계자는 "7월 30일 오후 4시에 일반 전체 예매를 시작했는데, 다음날 아침까지 1300석 정도가 팔렸다"고 했다. 관중들은 거리두기를 실천하느라 경기장 맨 윗자리까지 띄워 앉아 장관을 연출했다.

상대적으로 좌석을 적게 개방한 부산 아이파크와 제주 유나이티드는 매진을 기록했다. 부산 구덕운동장에서는 20분 만에 마련한 유료 좌석 574석이 다 팔렸고, 관중들 역시 경기 당일 '노쇼'(no show) 없이 자리를 메웠다. 3000명까지 입장을 허용할 수 있던 제주 유나이티드는 안전을 위해 1000석만 개방했는데, 무료 입장 관중을 포함해 이날 준비한 좌석을 모두 채웠다. 제주 유나이티드 구단 관계자는 "경기 시작 1시간 전에 매진됐다. 이번 경기 운영 결과를 두고 구단 자체적으로 회의를 거친 후, 점차 관객 수용 규모를 늘릴 수도 있다"고 했다.

경기가 치러진 양일간 많은 지역에 큰 비가 쏟아져 예약 취소도 일부 있었지만 수많은 팬들은 예정대로 경기장을 찾았다. 빗속에서 일행과 떨어져 앉아서 응원가를 부르지도 못했지만, 이들은 '직관'에 대한 열정으로 끝까지 자리를 지켰다. 연맹은 코로나19 감염 방지를 위해 좌석 간 거리 두기, 취식 및 응원(응원가, 어깨동무, 메가폰 등) 금지를 사전에 권고했다. 실제 경기 중간에도 구단은 팬들을 향해 착석 및 응원 금지 등을 지속적으로 요청했다.

수원 삼성 팬인 고등학생 김성재 군은 "2020년 2월 아시아축구연맹 챔피언스리그 조별리그 수원 삼성과 일본 비셀 고베 간 경기를 '직관'을 한 후 처음으로 빅버드(수원월드컵경기장 애칭)를 찾았다"며 "응원이 '직관'의 꽃이지만 축구를 직접 볼 수 있다는 데에 의미가 있다고 생각한다"고 감회를 밝혔다. 여자친구와 함께 수원월드컵경기장을 찾은 수원 삼성 팬 김대성 씨는 "잔디 냄새가 좋아서 축구를 보러 오는데, 그간 집에서만 보다 보니 답답했다. 비도 오고 여자친구와 떨어져 앉아서 응원도 못 하지만 ('직관'을 할 수 있어) 괜찮다"고 했다. 최종균 씨도 "2019년 11월 제주 유나이티드와의 원정 경기 이후 첫 '직관'이다. 응원이 불가하지만 박수를 열심히 쳐 선수들에게 힘을 주고 싶다"고 했다.

무관중 경기 땐 구단 '앰프 응원'

8월 이전 K리그가 무관중 경기로 진행될 때는 구단들의 '앰프 응원'이 화제였다. 구장마다 앰프 응원이 대세로 자리매김한 가운데, 포항스틸야드에선 해병대 응원단이 펼치던 '팔각모 사나이'는 물론이고 상대의 공격이 거세질 때에는 상황에 따라 두 가지 버전의 야유도 울렸다. 실제 관중들의 응원 느낌을 디테일까지 제대로 살린 것이다.

포항스틸야드의 꼭대기에 위치한 방송실에서 '음원 선수'로 뛴

코로나19 확산의 영향으로 관중이 없는 전주월드컵경기장에서 열린
2020년 K리그1 개막전, 전북 현대모터스와 수원 삼성 간 맞대결. **사진** 한국프로축구연맹

포항 스틸러스 구단 관계자는 "무관중 경기에 대비해 12개 버전
의 음원을 준비했다"고 전했다. 경기 내내 '기본 소음'을 깔아놓
고, 경기 상황이 변할 때마다 응원가부터 관중이 몰입하는 듯한
외침에 이르기까지 다양한 음향을 세심히, 시시때때로 바꿔 송출
했다.

앰프 응원에 사용할 음원을 결정하는 과정에서 김기동 포항
스틸러스 감독도 적극적으로 아이디어를 개진했다고 한다. 구단
관계자에 따르면 구단은 개막 전에 열린 연습경기에서 앰프 응원
리허설을 펼쳤다. 당시 구단이 준비한 응원은 기본 소음 외 다섯
가지. 지도자와 선수들의 호평이 이어졌지만 "야유도 꼭 필요한
것 같다"는 조언도 나왔다.

이렇게 만들어진 홈 개막전용 앰프 응원 사운드는 기본 소음

을 제외하고 열두 가지나 됐다. 2개 버전의 야유뿐 아니라 득점과 탄식, '우리는 포항', '위 아 스틸러스' 등 경기 패턴에 따라 서포터와 관중들이 쏟아내는 다양한 소리를 최대한 실제와 가깝게 송출했다. 구단 관계자는 "개막전 전날 밤늦게까지 사운드를 추출하는데 많은 공을 들였다"고 했다.

가장 신경 쓴 부분은 심판의 휘슬 소리다. 혹시라도 응원 소리에 휘슬이 포함될 경우 경기 진행에 지장을 주기 때문이다. 휘슬 소리가 없는 음원을 골라내 연결하고 매끄럽게 편집하는 과정이 상당히 번거로웠지만 홈경기의 효과를 극대화하기 위해 힘을 쏟았다. 특별했던 포항 스틸러스의 앰프 응원에 김기동 감독은 "녹음된 응원 소리가 선수들한테 도움이 될 거라 판단했다. 선수들도 조용한 가운데서 경기하는 것보다 낫다는 반응이었다"고 고마움을 전했다.

3부

원클럽맨

1983년 K리그 원년부터 2019년까지 리그에서 오직 한 구단 소속으로만 300경기 이상을 출전한 선수의 수는 단 10명, 200경기 이상을 뛴 선수로 범위를 넓혀봐도 그 숫자는 35명뿐이다. 선수 생활 전부를 오직 한 팀에서 보낸 선수를 의미하는 원클럽맨이 되기란 그만큼 어렵고 그 의미도 크다. 원클럽맨은 다른 유니폼을 입는 모습이 상상되지 않을 정도로 구단의 상징과 같은 존재로 여겨진다.

그런데 다른 의미의 원클럽맨이 있다. K리그는 팬들과 선수와 지도자뿐 아니라, 구단이 운영되는 데 없어선 안 될 수많은 스태프들의 노력 아래 성장하고 있다. 구성원 가운데서도 한자리에 오랜 시간 머물며 K리그의 역사를 간직하고 있는 또 다른 원클럽맨의 삶과 보람을 전한다.

부산 아이파크 팀 닥터 김호준 원장

"선수들의 마음까지 치료하는 게 팀 닥터의 사명"

프로구단의 팀 닥터는 일이 없을 때 행복하다. 몸이 자산인 선수가 다쳤을 때 겪는 상심이나 부상이 길어질 때 생기는 슬럼프, 최악의 경우 은퇴까지 이어지는 모습을 지켜보자면 팀 닥터의 좌절감도 크다. 그럼에도 선수들의 부상은 끊이지 않는다. 그래서 팀 닥터는 항상 긴장하고 있어야 한다. 무엇보다 다친 선수가 최대한 빨리, 제대로 나을 수 있을지 정확한 판단을 내려야 한다.

부산 아이파크에서만 20년 가까이 닥터를 맡고 있는 김호준 원장은 팀 닥터의 중요한 역할이 하나 더 있다고 했다. 바로 선수의 다친 마음까지 치료하는 일이다. 김원장은 "선수들도 보통 20~30대가 안고 사는 많은 고민을 똑같이 한다"고 했다. "현역 선수로서의 생활이 짧은 데다 부상 정도에 따라 출전을 쉬어야 하는 경우도 많아서 심리적 고통 또한 심하다."

2005년부터 16년째 부산 아이파크의 팀 닥터를 맡고 있는 김호준 원장. **사진** 부산 아이파크

'아프니까 청춘이고, 그때는 다 그런 것'이라는 충고는 적어도 프로 선수에겐 무책임한 얘기다. 프로 선수로서의 생명은 청춘 때 다 끝나버리기 때문이다. 김원장은 "선수들의 어려움을 다 해결해 주지는 못해도 귀 기울이고 함께 고민할 때가 많다. 그만큼 선수와 의료진은 신뢰가 두터워야 하는 사이"라고 했다.

그가 부산 아이파크와 처음 인연을 맺은 건 이안 포터필드(영국·사망) 감독이 팀을 이끌던 2005년이었다. 레지던트 시절 자신의 담당교수인 이경태 박사(이경태정형외과의원 원장)의 길을 따르게 됐다고 한다. 김원장은 "당시 이박사님이 부천 SK(현 제주 유나이티드)에서 팀 닥터를 맡고 있었던 영향이 크다"고 했다. "내가 전문의가 돼 부산에 터를 잡은 뒤 구단에 '(선수들이 다쳤을 때) 서울까지 가기가 부담스러우면 날 찾으라'고 얘기한 게 인연이 됐다."

2007년 결장암으로 별세한 포터필드 감독과는 인연이 남다르다. 선수들이 운동하는 모습을 같이 지켜보던 포터필드 감독이 김원장에게 "우리 팀을 통틀어 선수에게 '뛰면 안 된다'고 말할 수 있는 사람은 나와 당신밖에 없다"고 얘기한 순간은 아직도 기억에 생생하다. 그는 "포터필드 감독의 믿음이 고마웠고, 나 또한 책임감을 갖고 임해야겠다는 다짐을 하게 됐다"고 했다.

그가 부산 아이파크에서 팀 닥터를 맡은 동안 함께한 모든 선수가 소중하지만, 2018년 이정협의 그라운드 복귀를 도운 일은 큰 자부심으로 남는다. 당시 일본 J리그 쇼난 벨마레로 임대 이적해 뛰던 이정협은 내측 복숭아뼈가 골절되는 부상을 입고는 현지 수술을 마다하고 부산행 비행기에 올랐다. 유스팀을 거쳐 부산 아이파크에서 프로 생활을 시작한 이정협으로선 최선의 선택이었다. 김원장은 "국내로 돌아온 이정협이 수술을 받고 빨리 회복해 국가대표팀에 복귀하고, 팀의 승격까지 함께 일군 것이 참 고마웠다"고 했다. 2020년 초반 손흥민이 프리미어리그 경기에서 오른팔이 골절되는 부상을 입고 국내 경희대병원으로 넘어와 수술을 받았듯, 국내 의료 시스템은 선수들로부터 신뢰를 받고 있다.

가장 가슴 아팠던 일은 2015년에 겪은 팀의 K리그2 강등이었다. "말해 뭐 하냐"며 말을 아끼던 그는 "(강등이 확정되고) 나조차도 사흘간 밥을 먹지 못했다"며 혀를 찼다. 구단은 팀의 우승 기록 격인 엠블럼 위 별 4개를 지웠고, 비로소 승격하고 첫 시즌인 2020년 유니폼에 별을 다시 달았다. 그러나 팀은 2021년 다시 K리그2에서 뛰게 됐다. 김원장은 "우리 전력이 100인데 다친 선수가 많아 50밖에 발휘되지 않는 경우가 생기면 그 또한 가슴 아픈 일"이라며 "선수들이 최상의 전력으로 '부산 축구'를 제대로 구현하면 좋겠다"는 바람을 전했다.

전북 현대모터스 클럽하우스 세탁·미화 담당 임진욱 씨

'빨래 지옥'에서 탈출하고 8번 우승, '성덕 엄마'는 그저 웃지요

2020년까지 별 8개를 단 전북 현대모터스의 숨은 자랑거리는 지난 2013년 완주군 봉동에 지은 클럽하우스다. 이곳에 가본 이들은 국내 최고 수준의 연습장 등 훈련 시설은 물론, 특급 호텔에 버금하게 유지되는 청결한 모습을 보며 고개를 끄덕인다. 국내 최고 몸값을 자랑하는 전북 현대모터스 선수들이 최상의 컨디션을 유지하고 잔병치레는 최소화하는 비결이기도 하다.

이 때문에 클럽하우스에서 세탁과 미화를 담당하는 '어벤져스 이모 군단'은 선수들의 무한 신뢰를 받는다. 2021년까지 16년째 숙소에서 근무하며 선수와 코칭스태프의 운동복 및 침구 세탁 등을 맡고 있는 임진욱 씨는 '자부심'을 강조했다. 그는 "나를 포함한 지원스태프 모두 팀에 대한 자부심을 품고 선수들을 뒷바라지한다"고 했다.

임씨는 "우리는 선수들의 일과가 시작되면 연습장은 물론 치료실, 웨이트 시설, 라커 등엔 절대 들어가지 않는다. 이건 오랜 시간 지속된 선수와의 약속"이라고 했다. 특히 주의하는 부분은 보안이다. 클럽하우스에서 벌어진 일, 듣게 된 말, 선수의 사소한 행동 하나까지 외부에 절대 발설하지 않는다. 그는 "온 가족이 전북 현대모터스 팬이지만 가족들 앞에서도 말을 아낀다"고 했다.

임씨가 전북 현대모터스와 인연을 맺게 된 건 어쩌면 '전북 덕후'인 딸 덕분이다. 어릴 때부터 축구를 좋아하던 딸을 따라 종종 전북 현대모터스의 홈경기를 찾았는데, 2006년 구단 숙소에서 세탁 담당 직원을 뽑는다는 얘기를 듣고 고민 없이 지원했다가 합격했다. 관심사를 직업으로 삼는 이를 '성덕'(성공한 덕후)으로 일컫는다면 임씨는 '성덕 엄마'쯤 되는 셈이다.

임씨가 입사할 때만 해도 전북 현대모터스는 명문 팀과는 거리가 멀었다. 숙소 환경도 마찬가지다. 임씨는 "클럽하우스가 생기기 전까지 선수들은 봉동에 있는 현대자동차 직원 숙소의 한 층을 사용했다"며 "유니폼도 선수들이 직접 세탁해 입던 시절"이라고 돌아봤다. 선수들은 임씨가 입사하면서 비로소 '빨래 지옥'에서 탈출하게 됐고, 그로부터 3년 뒤인 2009년 처음으로 K리그 우승컵을 들어 올렸다.

가장 극적인 사건은 2013년 클럽하우스 입성이다. "흡사 셋방살이를 하다가 대궐 같은 내 집을 얻어 들어온 기분이었다"며 임씨는 당시 기분을 떠올렸다. "일은 더욱 신났고, 선수들이 더 좋은 환경에서 운동할 수 있도록 열심히 해야겠다는 마음이 컸다." 마

전북 현대모터스 클럽하우스 지원팀 직원 임진욱 씨가 클럽하우스에서 활짝 웃고 있다.

사진 전북 현대모터스

음이 닿았는지 전북 현대모터스는 클럽하우스에 입주하고 치른 7시즌 동안 무려 6차례나 우승을 더 거뒀다.

꼭 다시 만나고 싶은 선수로는 독일 분데스리가 무대로 떠난 이재성을 꼽았다. 임씨는 "2018년에 유럽 무대 진출을 확정한 뒤 내게 작별 인사를 못 했다며 클럽하우스를 네다섯 번 찾아왔다고 한다. 기어코 내 얼굴을 보고는 꼭 안아주고 가더라"고 했다. 그러면서 "(이재성이) 어디에 가든 응원하겠지만, 나중엔 전북 현대모터스로 돌아왔으면 하는 게 솔직한 마음"이라고 덧붙였다.

제주 유나이티드 차량주임 오경명 씨

술과 담배 싹 끊고 택한 제주행, "꿈과 희망을 싣고 100만 킬로미터 달렸죠"

지난 2008년 여름 서울에서 의류 부자재 납품을 하던 33세 청년은 묘하게 끌린 대기업 채용 공고에 덜컥 지원했다. 채용 분야는 '축구단 버스 운전기사 모집.' 30대 초반의 나이에 버스 운전기사라니, 폼도 나지 않고 구단 일정에 매여 자유롭지 못할 것 같은데 이 청년의 생각은 달랐다. 평소 좋아하던 축구를 가장 가까이서 접하고 선수들의 안전을 책임지는 일이 보람 있을 것 같았다. 설레는 마음으로 면접을 준비했다. 청년은 면접관들 앞에서 '안전 운전' 이상의 가치를 얘기했다. "선수들뿐 아니라 꿈과 희망까지 나르는 기사가 되고 싶다." 명랑 청년의 당찬 각오에 면접관들은 함박웃음을 지으며 과감히 '30대 기사님'을 발탁했다.

2021년까지 14년째 K리그 제주 유나이티드의 운전대를 잡고 있는 오경명 차량주임은 젊은 날의 과감한 도전을 인생 최고의 선택으로 꼽는다. 오주임은 "결혼 2년차에 서울 생활을 접고 제주도에 새로운 삶의 터전을 꾸려야 해서 걱정도 많았지만, 입사가 확정된 뒤 아내가 흔쾌히 제주 생활에 동의해서 고마웠다"고 했다. 제주 생활을 시작하며 구단과 가정을 위해 술과 담배를 싹 끊었는데, 이듬해 딸이 태어나면서 행복의 날개가 펼쳐졌다.

K리그 22개 구단 가운데 유일하게 섬에 연고를 둔 터라 시즌 중 오주임의 동선은 다른 구단에 비해 유독 까다롭다. 두 대의 구단 버스는 이른바 '섬 버스'와 '육지 버스'로 나뉜다. 원정시에 선수단이 이용하게 되는 육지 버스를 운행할 땐 경기 일정에 따른 전략이 필요하다는 게 그의 설명이다. 오주임은 "선수들보다 하루 먼저 섬을 떠나, 하루 늦게 귀환한다"고 했다. 선수들이 원정 비행기를 타기 전날 홀로 비행기를 타고 서울로 향해서는, 서울역 인근 SK그룹사 건물에 주차돼 있는 육지 버스에 각종 장비는 물론 음료와 생수 등을 실어놓는다.

이튿날엔 선수들이 도착할 공항으로 미리 움직여 대기한다. 수도권 일정이라면 비교적 이동이 수월한 김포공항으로 가면 되지만, 수도권 외 지역일 경우 김해, 광주, 대구, 청주 공항까지 홀로 장거리 운전을 하게 된다. 원정 일정을 소화한 뒤엔 다음 원정 일정을 고려해 차량을 이동해놓고 다시 제주로 돌아오게 된다. 그래도 자신이 입사하기 전 버스를 배에 실어 육지를 오가던 때에 비하면 낫다고 한다.

이렇게 내륙에서 운전한 거리를 합산하면 연간 7만 킬로미터쯤 된다. 섬에서의 주행 거리까지 합해 총 100만 킬로미터를 내달

오경명 제주 유나이티드 차량주임이 제주 서귀포 클럽하우스에서
구단 버스 운전대를 잡고 있다. 사진 제주 유나이티드

리는 동안 우여곡절도 많았다. 특히 태풍철에 선수들이 타게 될
비행기가 결항될 때면 자신이 육지에서 대기해야 할 공항이 수시
로 바뀐다. 이제 그런 일도 꽤나 익숙하다. 날씨야 어떻든 선수들
이 경기를 이긴 뒤 편안한 얼굴로 이동할 때가 본인에게도 가장
행복한 순간이라고 한다.

　가장 속상한 일은 경기장으로 태워 간 선수가 부상을 입어 함
께 돌아오지 못할 때다. 2011년 5월 경기 도중 갑작스런 심장마
비로 쓰러진 신영록의 사례가 대표적이다. 오주임은 "스타 선수
인데도 내가 해야 할 생수 운반을 서슴없이 돕던 신영록의 모습
이 여전히 눈에 선하다. 컨디션이 한참 좋아지고 있을 때 사고를
당해 가슴이 찢어지는 듯했다"고 했다. 오주임은 "그때를 생각하
면 여전히 가슴 아프지만 다시 일어나 활짝 웃는 모습을 보여줘

감사할 따름"이라며 "비록 신영록이 선수로 돌아오기는 힘든 상
황이지만 미디어를 통해서라도 그의 웃는 모습을 자주 봤으면 한
다"고 전했다.

대구FC 조리사 김경미 씨
'주방의 플레이 메이커' 손맛에, 별 3개 쏜 '데슐랭'

"마마, 음식 너무 맛있어!"

대구FC 클럽하우스에서 주방을 책임지는 김경미 조리사는 대구를 거쳐 간 '반 한국인' 용병 데얀의 '엄지 척'이 무척이나 고마웠다. 지난 2007년 인천을 시작으로 서울, 수원을 거치며 한국 생활만 10년 넘게 한 데얀은 '데슐랭(데얀+미슐랭) 가이드'를 써도 될 정도로 '클럽하우스 맛집'을 경험한 선수다. 구단에 따르면 데얀은 구단의 식단에 '별 3개 만점'을 내렸다고 한다.

데얀이 인정한 대구FC 숙소 식당의 대표 메뉴는 항정살 김치찜. 박종환 전 대구FC 감독이 직접 해오던 김치찌개를 응용한 메뉴다. 이곳에서 식당을 20년 가까이 지키고 있는 김조리사는 "모든 선수가 아들 같지만 외국인 선수들이 숙소 음식을 맛있게 먹을 때 보람을 느낀다"고 했다.

김씨는 레시피를 대부분 독학으로 개발했다. 대구FC 창단 초기인 2004년 4월 주방 보조로 들어와 그릇부터 닦았던 그는, 조리사가 계속 바뀌는 바람에 속을 썩던 구단으로부터 "요리 한번 해보지 않겠느냐"는 제안을 받고 2년 만에 조리사로 '승격'했다. 당시는 대구 외곽에 있는 연수원에서 셋방살이하며 제대로 된 주방조차 갖추지도 못한 환경이었지만, 자부심과 책임감으로 이겨냈다.

문제는 요리 솜씨였다. 김씨는 "처음 이 일을 시작할 때만 해도 김치 정도나 담글 줄 알았지 사실 전문 요리사라고 할 수는 없는 실력이었다"며 당시를 떠올렸다. 방법은 노력뿐이었다. 그간 어깨너머로 배운 음식들을 차근히 만들어보고, 무엇보다 선수단 규모에 맞는 '대량 생산'의 요령을 터득했다. 이젠 추어탕, 복국, 꼬리곰탕, 갈비찜 같은 메인 요리들은 웬만한 맛집 부럽지 않을 정도의 맛을 자랑한다.

일에 대한 자부심은 무엇보다도 구단의 극적인 성장과 함께 부풀었다. 김씨는 "2018년 대구FC가 FA컵에서 우승한 뒤 홈구장을 옮기고 인기도 확 늘어나면서 지인들의 부러움을 많이 산다"고 했다. "나는 그저 한자리를 지켜오며 내 할 일을 하고 있는데 최근 몇 년 선물 같은 시간들이 이어졌다." 지인들의 선수 사인 청탁이 줄을 이으면서 구단의 인기를 실감한다. 대구FC에서 뛰며 올림픽 대표팀까지 오른 김대원이 관중석에 있는 자신에게 손을 흔들며 인사했을 때 주변 관중들의 부러움을 한 몸에 받은 기억도 잊지 못할 추억이다.

대구FC 클럽하우스 조리사 김경미 씨가 구단 클럽하우스 내에서 미소 짓고 있다.
사진 대구FC

    사실 구단의 성장은 주방에서부터 예견할 수 있었다. 김씨는 "예전엔 선수들이 전체적으로 채소를 많이 남기는 등 편식이 심했는데, 시간이 지날수록 식당에서 권하는 음식을 고루 섭취한다"고 했다. 작은 식습관 하나부터 진짜 프로 선수로 거듭나고 있다는 얘기다. 김씨는 "경기 하루 전과 당일엔 짜거나 기름진 음식은 피한다"면서 "경기 당일 생일을 맞은 선수에겐 미안하지만 경기날엔 일부러 미역국을 내놓지 않는다"며 웃었다.

    선수단 식사를 챙기기 위해 오전 7시 20분 출근해 오후 7시를 넘겨 퇴근(점심과 저녁식사 사이엔 휴식)하는 일상이 반복되면서, 가족들의 식사를 소홀히 한 것 같아 미안한 마음도 크다. 김씨는 "딸이 초등학교 1학년, 아들이 네 살 때 이 일을 시작했는데 어느덧 대학생, 고등학생이 됐다. 새벽부터 일터로 나가는 엄마를 원망하지 않고 걱정하고 응원한 아이들에게 고마움이 크다"고 했다.

　대구FC가 가난한 시민구단에서 K리그 대표 인기 구단이 돼 기쁘지만, 이곳에서 프로 생활을 시작해 국가대표팀 수문장이 되는 소원까지 이룬 조현우를 울산 현대로 떠나보낸 건 무척 아쉽다. 김씨는 "(조현우가) 내 아들을 위해 유니폼 선물도 챙겨주고 떠날 땐 직접 인사를 못 해 미안하다는 메시지도 보내줘 고마웠다"면서 "(조현우가) 어디에 가든 잘하리라 믿고, 꼭 유럽 진출의 꿈도 이루기 바란다"며 응원했다.

FC서울 경비·보안 담당 20년차 용혁순 씨
"홈 관중이 많을수록 괴롭지만, 더 많이 찾아와주세요"

2002년 한일 월드컵 이전만 해도 K리그에서 '안전'은 무시되기 일쑤였다. 경기 시작 때마다 붉게 타오르던 홍염 응원은 기본이고, 선수와 심판에게 물병부터 심지어 응원용 확성기까지 손에 잡히는 대로 던지던 때도 있었다. 월드컵을 개최하기 바로 전인 2001년까지도 각 팀 서포터 간 싸움에 쇠파이프가 등장했고, 경기장 안팎에선 흥분한 팬들의 욕설이 난무했다. '축구장에 버너를 들고 가 삼겹살을 구워 먹었다'는 무용담도 그리 충격적이지만은 않던 시절이다.

FC서울에서 홈구장 경비·보안 담당 업무만 20년 가까이 맡고 있는 용혁순 씨도 초년병 시절을 얘기하다 고개를 젓는다. 헌병 특별경호대에서 군 복무를 마친 뒤 2002년 서울월드컵경기장 보안업체에 입사했다는 그는 "처음엔 축구 팬들이 분단장보다 무서웠다"고 했다. "월드컵을 개최하기 전까지만 해도 안전 수칙이 지켜지지 않았지만 월드컵 이후부턴 갈수록 관중 문화가 성숙해지고 있다."

흔히 '가드'로 불리는 경비 담당자들은 관중과 선수의 안전을 지키는 최전선에 서 있다. 구체적으론 9개 팀(VIP, 선수단, 그라운드, 미디어, 주차장, 게이트, 관중석, 매표소, 광장)으로 나뉘며 이를 용씨가 총괄한다. 용씨는 "평일 저녁 7시에 경기가 열릴 경우, 9개 팀 팀장은 오전 10시부터 모여 구단과 시설관리공단은 물론 경찰과도 안전과 관련해 논의한다"고 했다. "또 시설물 점검과 당일 투입될 스태프들의 소양 교육 등을 진행하고 입장을 개시한다."

입사 때와 비교해 겪은 가장 큰 변화는 스태프 규모다. 2002년만 해도 경기당 100명이 채 안 됐지만, 2020년엔 200명 안팎으로 두 배 넘게 늘었다. 용씨는 "과거엔 경기 운영에 꼭 필요한 인원만 배치했다면, 지금은 외국인 응대 인력 등 관중의 편의를 위한 안내 요원도 크게 늘었다"고 했다. 여성과 어린이 관중의 수가 늘어난 점도 변화 가운데 하나다.

가장 큰 고충은 긴장에서 오는 스트레스와 불규칙적인 식사로 생기는 만성 위염이다. 대체로 무전이 뜸할 때 눈치껏 도시락으로 끼니를 해결하는데 5분 이내에 '흡입'하고 바로 현장에 복귀해야 한다. 5분간의 도시락 타임마저도 수원 삼성과의 슈퍼매치가 열릴 때는 보장되지 않는다. 해마다 다르지만 3만 명 넘는 관중이 몰릴 때가 많아 평소보다 100명 정도 스태프가 더 투입된다. 용씨는 "슈퍼매치가 열리는 날은 폭식하는 날이다. 경기장에선 먹을

FC서울 보안 담당 20년차 용혁순 씨가 서울월드컵경기장 입구에서 포즈를 취하고 있다.
사진 FC서울

시간이 없어 경기가 끝나고 회식 자리에서 폭식을 한다"고 했다.

보람을 느끼는 순간은 별 탈 없이 경기가 끝나고 관중들이 무사히 경기장 주변을 빠져나갔을 때다. 그는 "예전엔 우리들에게 괜히 화풀이하는 관중도 많았지만 요즘은 경기가 끝나고 '고생하셨다'며 인사하는 관중이 더 많다"며 웃었다. 그러면서도 "홈 관중들이 웃으며 경기장을 빠져나가는 날이 더 많았으면 한다"며 에둘러 FC서울의 활약을 기대했다.

편한 날은 관중 없는 날이요, 고통스러운 날은 관중 많은 날이지만 둘 중 하나를 고르라면 두말 않고 고통을 택하겠다고 한다. 구단에 부탁하고 싶은 점을 묻자 "더 많은 관중이 찾아와 우리가 더 힘들어졌으면 하는 게 바람이다"고 전했다.

인천 유나이티드 스포츠메디컬 수석트레이너 이승재 씨
꿈 좇던 25세 알바생, 레전드 재활 공장장 되다

휘슬 소리와 함께 푸른색 의무가방을 둘러메고 그가 그라운드에 등장하면 일순간 긴장감이 흐른다. 선수의 부상을 살펴본 그의 손짓에 따라 선수 교체 여부가 정해진다. 그의 선택이 경기의 흐름을 좌우하는 순간이다. 의무 트레이너가 그라운드에서 호흡하는 방법이기도 하다.

인천 유나이티드의 스포츠메디컬 수석트레이너 이승재 씨는 이 매력에 사로잡혀 직업을 택했다. 체육학을 전공한 그는 "그라운드에서 같이 호흡하는 모습을 상상하니 너무 매력적이었다. 당시에 이 분야는 미지의 영역이라 발품 팔아 공부했다"고 회상했다. 무급으로 실습에 참여하고 의학 세미나를 기웃거렸다.

이내 기회는 찾아왔다. 창단을 준비하던 인천 유나이티드에서 의무 트레이너로 일할 '알바생'을 모집했던 것이다. 3개월간 열심히 일하는 모습을 눈여겨본 구단이 아르바이트 기간이 끝나자 다시 계약하자며 그를 붙잡았다. 그렇게 구단을 믿고 함께해온 시간은 어느덧 19년이 됐다. 꿈 많던 알바생은 한 가정의 가장이 됐다.

부상을 입은 선수가 완벽한 상태로 복귀할 수 있도록 최선을 다하면서 이트레이너는 어느덧 레전드 '재활 공장장'으로 성장했다. 시즌이 종료되면 해외로 나가 공부하기도 하고 호주와 중국에서 스포츠 재활 관련 자격증도 땄다. 꾸준히 학업도 병행해 이제는 대학 강단에도 선다. 이트레이너는 "선수들은 어렸을 때부터 꿈 하나로 산다. 그런 사람이 자신의 의지와 상관없이 은퇴하지 않을 수 있게끔 꼭 돕고 싶다"고 밝혔다.

이트레이너는 "부상으로 힘들어하던 선수가 인천 유나이티드에 와서 제 기량을 되찾는 모습에, 사람들이 이곳을 '재활 공장'으로 부른다는 얘기도 들었다"며 웃어 보였다. 뛰어난 실력이 소문나면서 스카우트 제의도 이어졌다. 그는 "국내외 팀을 막론하고 요청이 들어왔다. 한 팀은 두세 배가 넘는 연봉 인상 제안을 약속하기도 했다"고 조심스럽게 밝혔다.

그럼에도 이트레이너는 인천 유나이티드를 놓지 않았다. 그는 "인천 유나이티드만의 '끈끈한 정'이 붙잡았다. 가족 같은 감독님, 프론트 직원 등과 함께 쌓아온 기억들이 너무 많다"고 설명했다. 실제로 그는 장외룡 전 감독의 소개로 아내를 만나기도 했다. 인천 유나이티드의 가능성도 한몫했다. "인천 유나이티드가 최근 성적은 좋지 않아도, 1부 리그 잔류만큼은 꾸준히 지켜왔다. 포기하면 무너질 수밖에 없는 상황에서 서로를 토닥이며 꿋꿋이 일어나

인천 유나이티드의 이승재 스포츠메디컬 수석트레이너가 인천문학경기장 내 트레이닝실에서 후배에게 재활치료를 시연하고 있다. **사진** 한국일보

는 모습에서 부활의 가능성을 봤다."

수많은 감독 및 선수와 함께했지만 가장 마음이 쓰이는 이는 유상철 명예감독이다. 유감독이 췌장암 선고를 받는 순간 그도 그 자리에 함께 있었다. 이트레이너는 "속이 좀 아프다고 하기에 병원에 가자고 제안했는데, 함께 찾은 병원에서 (췌장암) 조짐이 보인다는 이야기를 갑작스레 듣게 됐다"고 했다. "나도 당황스러웠지만, 유감독님 얼굴에서는 더 큰 상실감이 엿보였다." 그는 이후 유감독의 항암 치료 과정에도 동석했다. 새로 사령탑으로 부임해 서로에 대한 적응을 마치고 색을 맞춰가던 과정 중에 일어난 일이라 안타까움이 더욱 컸다.

극적으로 K리그1에 또 한 번 잔류한 2020년 시즌을 끝으로 이트레이너는 인천 유나이티드를 떠났다. 자신의 SNS를 통해 그는

"구단 프런트와 서포터즈 등 모든 분이 힘든 시기를 지나 마지막
은 좋은 결과가 있어서 행복했다"며 "구단과의 최종 이별이라는
단어를 써야 하는 마음이 아프지만 어떤 자리에 있더라도 창단을
같이 한 인원으로 자부심을 안고 인천 유나이티드를 응원하겠다"
며 인사했다.

수원 삼성 장내 아나운서 동환수, 한기환 씨

빅버드에서 흥 돋우는 투맨, "팬을 위한 외침, 백발이 돼도 함께하자"

K리그가 태동한 이듬해인 1984년, 중학교 2학년 때 처음 만난 인연을 지금까지 이어온 두 남자가 있다. 농구와 야구를 즐기며 '절친'이 된 이들은 어른이 돼서도 좀체 떨어질 줄 몰랐다. '만담 티키타카tiqui-taca(빠르고 짧은 패스를 일컫는 스페인어)'가 낙이었던 둘은 20대 끝자락에 결단을 내렸다. "함께 마이크를 잡아보자." K리그 수원 삼성의 장내 아나운서 18년차로 축구 팬들 사이에선 '투맨'(two man)으로 잘 알려진 동환수, 한기환 씨 얘기다.

동환수 씨에 따르면 투맨의 시작은 레크리에이션 강사 시절이었다. 1997년 두 사람은 '결합'한 모습으로 다양한 이벤트 행사에서 사회도 함께 보고, 프로농구 장내 아나운서로 이름을 알리기 시작했다. 수원 삼성과 인연을 맺은 건 한일 월드컵 이듬해인 2003년이다. "유럽 분위기가 나는 홈경기를 만들어보고 싶다"는 구단의 요청을 받고 '빅버드'에 발을 들였다.

그런데 이게 웬일인가. 빅버드에 출근한 첫날 장내 아나운서에게 주어진 건 고작 마이크 2개와 카세트테이프 3개뿐이었다. 동 씨는 "(테이프 3개 가운데) 하나는 국민의례, 다른 하나는 선수단 입장곡, 나머지 하나는 '삼바~'로 시작하는 골 축하 댄스 뮤직이었다"며 당시를 떠올렸다. "구단과 1부터 100까지 함께 짚어가며 음악 교체는 물론, 팬과 호흡하는 진행을 구성했다."

이전까지 장내 아나운서의 역할은 경기 진행에 한정됐지만, 투맨은 경기장의 분위기를 끌어올리고 선수단의 사기를 북돋는 역할까지 맡았다. 수원 삼성이 골을 넣었을 때 "골 넣은 선수는 누구?"라는 투맨의 외침에, 서포터 '프렌테 트리콜로'가 "타가트!"를 외치는 호흡이 대표적이다. 한기환 씨는 "(진행 시나리오의) 가장 중요한 수칙은 '팬을 위한 것인지'를 되묻는 것"이라고 했다. 진행자와 구단이 좋더라도 팬이 원하지 않으면 피해야 한다는 게 이들의 철칙이다.

가장 큰 자부심은 무엇인지 묻자 둘은 "수원 팬"을 꼽았다. K리그 최고의 팬에 걸맞은 진행을 위해 둘은 경기 당일 5시간 전에 경기장에 도착한다. 한씨는 "경기가 시작하기 4시간 전부터 스태프 회의를 진행해 미흡한 부분을 보완한다. 관중이 입장하는 시각인 2시간 전이 되면 당일 시나리오에 맞춰 진행한다"고 했다. '투맨 10주년' 기념패를 전달하거나 매 시즌 유니폼에 '투맨'을 새겨 지급한 구단, 둘을 '베스트 장내 아나운서'(2009년 팬즈어워즈)로 선정한 팬들의 격려는 큰 힘이 된다.

수원 삼성의 장내 아나운서 18년차 동환수(왼쪽), 한기환 씨. **사진 투맨**

　수원 삼성과 인연을 맺은 뒤 축구에 푹 빠진 투맨은 2006년 독일 월드컵 당시 원정 응원을 다녀오고 지방 원정 경기도 함께 다니는 열혈 축구 팬으로 거듭났다. 비시즌엔 유럽 축구 현장 곳곳을 누비며 즐기고 배웠다. 한씨는 "2010년 겨울 환수와 독일 마인츠 경기장에서 새로운 꿈을 꾸게 됐다"고 했다. 백발의 장내 아나운서가 경기 전 불편한 거동으로 경기장 4면을 돌며 팬들과 호흡하는 모습은 신선한 충격이자 감동이었다. 한씨는 "독일어에 능통한 동행에게 '저 사람은 뭐라고 하는 거냐'고 물으니, 수원으로 치면 '영통구엔 별일 없지요?', '팔달구도요?', '오늘 축구 즐기자~'라고 소통하며 돌아다니는 거라고 하더라"고 했다. "건강과 열정이 허락하는 한 오래오래 수원 삼성 팬과 함께하고 싶고, 은퇴 경기 땐 그저 친구의 어깨를 두드리며 웃을 수 있으면 좋겠다."

포항 스틸러스 장비사 이상열 씨
"20년째 보따리 싸고 있습니다"

"내 일이 뭐냐고? 보따리 싸는 거다!"

20년 넘게 포항 스틸러스의 장비사로 일하고 있는 이상열 씨는 자신의 직업을 이렇게 표현했다. 장비사라는 직함 그대로 축구 훈련과 경기에 사용되는 장비를 모두 챙겨야 한다. 원정 경기나 전지훈련 등을 떠날 때면 짐의 부피는 어마어마하다. 준비한 유니폼과 축구화, 공, 훈련 도구 등을 제자리에 배치하고 그라운드에 선을 긋는 등 훈련이나 경기가 시작할 수 있도록 만반의 준비를 갖추는 게 그의 임무다.

지금도 생경한 직업이지만 20년 전엔 더했다. 이씨도 처음엔 무슨 일을 하는지 잘 알지 못했다. 그가 우연히 이 일과 인연을 맺게 된 건 1997년 외환위기 여파 때문이다. 그는 "다니던 맥주회사를 관두고 백화주막이라는 프랜차이즈 주점을 운영했는데 외환

포항 스틸러스의 이상열 장비사가 훈련장에서 환하게 웃고 있다. **사진 포항 스틸러스**

위기를 이기지 못하고 결국 가게 문을 닫아야 했다"고 설명했다.

이때 친분이 있던 유동관 당시 포항 스틸러스 코치가 장비사 자리를 제안했다. 전임 장비사가 갑자기 관둬 자리가 생긴 것이다. 이장비사는 "내가 어렵다는 얘기를 듣고 이 직업을 소개해줬다. 구원의 손길이었다"고 했다.

시작부터 쉽지 않았다. 전임자가 급작스레 관뒀기에 업무를 인수인계할 수 없었다. 그는 "이 직업이 무얼 하는지, 어떻게 해야 하는지도 잘 알지 못하던 때에 맨땅에 헤딩하듯 하나하나 시행착오를 겪어가며 일을 배워야 했다"고 당시를 회상했다. 그렇게 이곳저곳으로 짐들을 이고 지고 다니다 보니 벌써 정년을 코앞에 두게 됐다.

지금은 혼자서 수많은 장비를 능숙히 관리하고 경기를 준비하지만 늘 긴장감을 놓지 않는다. 자신이 실수하면 경기 전체가 망

가질 수 있기 때문이다. 그가 선수의 유니폼을 빼먹기라도 하면, 그 선수는 경기에 아예 출전하지 못하는 상황이 발생할 수도 있다. 이장비사는 "내가 잘못하면 게임을 망칠 수도 있다는 생각을 항상 갖고 있다"며 "그래도 아직까지 한 번도 실수한 적은 없다"고 자신 있게 말했다.

세월이 흐르며 새로운 장비가 생기는 덕에 일도 조금씩 달라졌다. 가장 많이 변한 건 운동장이다. 훈련장 마킹 작업도 담당한다는 이장비사는 "겨울이면 하얗게 변하는 조선잔디를 사계절 푸른 양잔디로 바꾼 뒤로 마킹 작업이 수월해졌다. 또 롤러 붓으로 일일이 그리다가 마킹 기계를 들여오면서부터 많이 변했다"고 했다. "훈련장은 경기장보다 상대적으로 지면이 울퉁불퉁해 똑바로 선을 긋기가 쉽지 않다. 지금은 노하우가 생겨 빠르고 바르게 선을 긋지만, 조금이라도 비뚤어지면 기분이 좋지 않다."

20년간 변하지 않은 것도 있다. 포항 스틸러스의 자부심이다. 이장비사는 "포항 스틸러스가 강등권에도 가보고 위기가 찾아올 때도 있었지만, 헤쳐가는 모습은 늘 같았다. 어려움이 있어도 극복하고 견뎌내는 모습을 보며 '역시 명문 팀은 다르구나'라는 생각을 하게 된다"고 했다.

4부

K리그에 빠지다

패턴에 빠지다
'지름신' 부르는 K리그 유니폼의 진화

울산 현대는 2021년 유니폼에 두 가지 패턴을 적용했다. 원정 필드 플레이어 유니폼엔 울산의 국가무형문화재이자 유네스코 무형 유산 걸작으로 선정된 '처용무'를 패턴화한 줄무늬를, 골키퍼 유니폼엔 구단의 상징인 호랑이를 패턴화한 호피 무늬를 적용했다.

울산 현대에 따르면 처용무 패턴을 만들 때 울산시가 개발한 '처용의 춤' 문양을 활용함으로써 연고지의 대표 문화를 구단이 품는 효과를 내고 지역사회와의 유대를 높였다. 처용무는 동해 용왕의 아들 처용이 노래와 춤으로 역신으로부터 아내를 구했다는 처용 설화에 바탕해 만들어진 무용으로, 울산 현대의 서포터즈 '처용전사'와 함께 뛴다는 의미를 더했다. 노란색과 분홍색의 골키퍼 유니폼엔 호피 무늬를 담았다.

처용무와 호피 패턴은 구단 유니폼에 스토리를 담고 활용도를 높이는 데도 쓰인다. 구단 관계자는 "두 패턴은 다양한 구단 용품은 물론 사무용지 등에 활용돼 확장성이 높다"고 했다. 실제 처용무 패턴은 울산 현대가 새로 내놓은 응원용 머플러 등에, 호피 패턴은 마스크와 타월 디자인에 활용됐다.

다른 K리그 구단들도 저마다 재기발랄한 디자인에 다양한 스토리를 입힌 유니폼을 속속 내놓으며 팬들에게 또 다른 재미를 부여하고 소비자(팬)의 소유욕을 자극한다. 골 스튜디오와 손을 잡은 대구FC는 하늘색 바탕의 홈 유니폼엔 홈구장 DGB대구은행파크를 상징하는 패턴을 넣고, 원정 유니폼엔 서포터들의 대표 응원인 '쿵쿵골!'의 음향 파동을 시각적으로 표현해 팬들에게 호평을 받았다. 수원FC도 수원 화성의 성벽을 모티브로 갑옷을 연상케 하는 패턴을 삽입해 디자인과 의미를 모두 잡았다. 또 원정 유니폼의 앞쪽에 과거 봉화 연기를 올려 신호를 보내던 봉돈을 디자인해 넣었다.

인천 유나이티드와 강원FC도 지역의 상징을 녹이면서 강렬한 디자인을 살려냈다는 평가를 받는다. 2020년 시즌부터 마크론과 손잡은 인천 유나이티드는 유니폼에 '더 강하게'를 의미하는 '포르티시모'(FORTISSIMO)라는 이름을 붙였고, 홈 유니폼에 구단 특유의 파랑·검정 줄무늬를 유지하면서 연고지를 상징하는 꽃인 장미의 가시를 형상화해 강렬함을 녹였다. 강원FC는 골키퍼 유니폼에 노란색(봄)과 초록색(여름), 필드 플레이어 유니폼에 주황색(가을)과 흰색(겨울)을 활용해 사계절을 담았다.

푸마와 손잡은 포항 스틸러스와 수원 삼성, 제주 유나이티드도 브랜드 고유의 디자인에 팀의 상징을 녹였다. 포항 스틸러스는 홈 유니폼의 콘셉트를 '뉴 스트라이프'(NEW STRIPES)로 잡고 포항 제철소의 불빛이 형산강에 반사돼 붉게 반사되는 야경을 구단의 상징인 가로 줄무늬로 해석해 표현했다. 수원 삼성은 홈 유니폼의 어깨 부분에 'SUWON BLUEWINGS' 패턴을 넣어 구단 정체성을 표현하고, 흰색 바탕의 원정 유니폼엔 청색과 적색 패턴을 넣어 '청백적'을 효과적으로 담았다. 제주 유나이티드는 심플한 필드 플레이어 유니폼과 달리 골키퍼 유니폼에 포인트를 줬다. 스포츠 디자이너 조주형 라보나크리에이티브 대표는 "브랜드별 고유 디자인을 유지하면서도 원단에 패턴을 녹여 확장성을 높이는 업계의 트렌드가 잘 반영된 사례들"이라고 평가했다.

전문가들은 이제 유니폼 디자인이 피아 식별이라는 전통적 기능을 넘어 선수와 팬, 지역을 연결하는 소통 수단이 됨으로써 산업적, 사회적 기능까지 수행한다고 전했다. 김유겸 서울대 체육교육과 교수는 "유니폼은 본래 소속감을 드러내는 기능을 하지만, 최근엔 팬들과 다양한 커뮤니케이션을 나누는 소통 창구로서의 역할부터 사회적 메시지를 전하는 일까지 기능이 확대되고 있다"고 했다.

구단뿐 아니라 한국프로축구연맹도 신규 BI(브랜드 아이덴티티)인 '다이내믹 피치'(DYNAMIC PITCH)를 모티브로 한 패턴을 제작해, 홈페이지나 제작물은 물론 중계방송 중 그래픽에도 전면 적용했다. 연맹 관계자는 "K리그의 고유 BI를 활용한 그래픽을 통해 시청자에게 자연스럽게 리그 이미지가 연상되도록 했다. 이로써 시청자들은 경기 정보를 직관적으로 인지하고 경기에 더 몰입할 수 있다. 이는 방송사별, 플랫폼별 수준의 격차 없이 중계 품질을 상향 평준해 리그의 가치를 높이기 위한 전략"이라고 설명했다.

처용무와 호피 패턴을
적용한 울산 현대의
2021년 시즌 유니폼.
사진 울산 현대

대구FC는 원정 유니폼
에 서포터들의 대표
응원인 '쿵쿵골'의 음향
파동을 시각적으로
표현해 넣었다.
사진 대구FC

포항 스틸러스는 홈
유니폼에 포항제철소
의 불빛이 형산강에
반사돼 붉게 반짝이는
야경을 구단의 상징인
가로 줄무늬로 표현해
넣었다.
사진 포항 스틸러스

인천 유나이티드는
홈 유니폼에 기존의
파랑 · 검정 줄무늬를
유지한 채 인천시
시화인 장미의 가시를
형상화해 넣었다.
사진 인천 유나이티드

"케하! 우린 K리그의 '펭수'를 꿈꾸지"
K리그 캐릭터의 진화

전북 현대모터스는 2021년 시즌을 앞두고 새 캐릭터 '나이티'
와 '써치'를 발표했다. 2013년 탄생한 마스코트 초아와 초니가 은
퇴하면서 완전히 새로운 형태의 캐릭터로 바뀌었다. 나이티는 뜨
거운 열정을 느끼면 힘이 솟는 스피드 레이서의 모습, 써치는 귀
여우면서도 스마트한 캐릭터라는 게 구단 측의 설명이다.

가장 큰 변화는 기존 캐릭터 초아와 초니와 달리 태어나자마
자 활발히 움직이며 팬들에게 다가섰다는 점이다. 이들은 2021년
시즌 개막 전부터 선수들을 에스코트하고, 관중들 앞에서 부지런
히 움직이며 함께 호흡했다. 구단 SNS와 영상에서도 이들은 시즌
초반부터 동분서주했다.

전북 현대모터스는 이들을 마스코트나 캐릭터로 소개하기보
다 '전북의 새로운 친구'(JBFC NEW FRIENDS)로 소개했다. 사랑,

애원, 슬픔, 부끄러움 등 열 가지 표정 변화를 탑재한 이들과 팬들이 희로애락을 함께하기 바란다는 취지다. 구단은 "특히 어린 아이들에게 더 편하게 다가갈 수 있는 모습으로 표현됐다"고 설명했다.

사실 전북 현대모터스의 기존 캐릭터인 초아와 초니는 팬들에게 큰 인상을 주지 못했다. 형태부터가 워낙 복잡한 데다 이들을 활용한 스토리텔링도 이어지지 않으면서 존재감이 떨어졌다. 2020년 한국프로축구연맹의 뉴미디어팀이 처음 시도한 'K리그 마스코트 반장선거'에서, 전북 현대모터스의 캐릭터는 22개 구단 캐릭터 가운데 14위에 그치는 굴욕을 맞보기도 했다. 특히 복잡한 패턴 때문에 그래픽 디자인으로 활용하기 어렵고, 머천다이징 상품을 만들기도 난감한 점이 뼈아팠다. 반면 새로 탄생한 나이티와 써치는 탄생 직후부터 문화체육관광부의 지원을 받아 제작된 경기장 대피 안내 영상에 직접 출연하는 등 영상 활용 측면에서부터 한층 쓰임새가 커졌다는 평가를 받는다.

이처럼 좀 더 단순화하고 직관적인 이미지의 신규 마스코트를 발표하거나 기존 마스코트를 재편하는 흐름은 최근 수년 사이 지속되고 있다. 가장 적극적으로 움직인 구단은 2019년 '리카'를 내놓은 대구FC다. 그래픽으로 활용될 뿐 아니라 인형 3종 세트와 가방 고리 인형으로도 불티나게 팔리면서 큰 인기를 누렸고, 이제 K리그 대표 캐릭터로 자리매김했다.

실제 2020년 'K리그 마스코트 반장선거'에서 태어난 지 1년여밖에 안 된 리카는 K리그 팬들에게 친숙한 수원 삼성의 아길레온과 접전을 펼친 끝에 2위를 기록해 부반장이 됐다. 포항 스틸러스의 쇠돌이처럼 오랜 시간 팬들과 호흡한 캐릭터들 말고도 유티(인천 유나이티드)와 감규리(제주 유나이티드) 등이 선전했는데, 이들의 선전엔 다양한 디자인과 상품에 쉽게 활용되는 '호환성 높은' 캐릭터라는 특징이 있다.

성남FC의 까오와 까비, 서울 이랜드의 레울과 레냥도 2020년 리뉴얼을 통해 '귀여움'을 장착했다. 머리 크기를 키우고 생김새를 훨씬 단순화함으로써 모바일 환경에서 돋보이도록 특징을 살렸다. 이젠 '영원한 7살'로 정착했다고 소개한 까오와 까비, 삐뚤빼뚤 '앞발로 쓴 편지'로 인사하는 레울과 레냥의 '의인화'도 신선했다.

울산 현대도 기존 캐릭터인 강호와 설호, 건호, 미호 가족을 일단 미국으로 '강제 이민'을 보내고 동그란 체형과 유쾌한 표정이 매력적인 새 캐릭터 '미타'를 출시했다. 벌써 '미친 타이거'라는 별명이 붙은 미타는 울산 동구 출신으로, 선한 미소로 '돌직구'를 날리는 직설적인 성격이라는 소개를 곁들이면서 축구계 '펭수'로 거듭나리라는 기대를 모으고 있다.

전북 현대모터스의 새 캐릭터
나이티와 써치. **사진 전북 현대모터스**

대구FC의 캐릭터 리카.
사진 대구FC

성남FC의 캐릭터 까오와 까미.
사진 성남FC

서울 이랜드의 새 캐릭터 레울과 레냥.
사진 서울 이랜드

인천 유나이티드가 2020년 시즌을 앞두고
새로 선보인 캐릭터 유티.
사진 인천 유나이티드

울산 현대가 2021년 새로 선보인
마스코트 미타. **사진 울산 현대**

SNS에서도 뜨거운 K리그

"K리그 뉴미디어 채널엔 비시즌 없어야죠"

"리그엔 시즌과 비시즌이 있지만, 온라인 채널에 비시즌이 있으면 안 되죠."

2020년 하반기, K리그가 국내 프로스포츠 중 제일 먼저 유튜브 구독자 10만 명 고지를 훌쩍 넘었다. 최근 스포츠계에서 홍보 수단으로 많이 사용되는 인스타그램 역시 팔로워 수가 10만 명을 넘어섰다. K리그가 다른 프로스포츠에 비해 팬덤 및 시장 규모에서 상대적으로 약세인데도 뉴미디어 콘텐츠는 각광받는 비결은 무엇일까. 바로 콘텐츠 자체에 답이 있었다.

K리그의 뉴미디어 콘텐츠를 전담하는 한국프로축구연맹의 이준영 씨와 김동훈, 박혜림 영상 PD는 뉴미디어 콘텐츠의 성패는 새로운 K리그 팬을 유입하는 데에 달려 있다고 봤다. 이들은 K리그를 오랫동안 사랑해온 이들뿐 아니라 "축구에 큰 애정은 없더

라도 우리가 만드는 콘텐츠를 보고 관심을 가질 이들"을 늘려야 겠다고 생각했다. 특히 기존 팬보다는 여성 및 청소년 구독자를 포섭하는 데에 집중했다.

물론 여러 차례 시행착오를 겪은 끝에 나온 결론이다. 2019년 까지만 해도 홀로 콘텐츠를 제작했다는 이준영 씨는 "처음엔 일본 J리그나 미국 메이저리그사커 등을 참고했는데 한국 정서와 맞지 않는 면이 있었다"고 했다. 그래서 인터넷 커뮤니티와 유튜브 영상 등을 보면서 유행어나 밈(Meme)을 찾아 활용했다. 실제로 K리그 채널에 올라오는 영상 밑에 달린 익살스러운 멘트가 구독자들의 웃음과 공감을 자아내고 있다.

박혜림 PD는 "유튜브에 달린 댓글이나 커뮤니티 글들을 보면서 좋은 표현이 있으면 기억해뒀다가 참고한다. 선수들의 특징에 따라 그런 표현을 맞춰 쓰는 편이다"고 전했다. 이준영 씨는 "특히 아이돌 팬덤을 구성하는 성별과 연령이 우리의 타깃층과 비슷해 아이돌 문화에서 나온 말들을 잘 활용하고 있다"고 덧붙였다.

분석은 정확히 맞아들었다. 진입 장벽을 낮추고 모두가 쉽고 재미있게 볼 수 있는 콘텐츠를 만드니 구독자 수가 빠르게 증가했다. 2020년 초 7만 명에 그치던 인스타그램 구독자 수는 몇 달 만에 3만 명가량 늘었고, 4만 명이던 유튜브 구독자 수는 두 배 넘게 증가해 11만 명을 넘어섰다. 특히 K리그에 대한 배경 지식이 없어도 쉽게 보고 웃을 수 있는 '케꿀잼' 영상은 기다리는 구독자가 많다. 김동훈 PD는 "케꿀잼은 매달 중계 화면 중에서 웃기는 장면만 모아 재편집한 영상"이라고 설명했다. "경기 중에 일어

한국프로축구연맹은 2020년 2월 K리그 22개 구단의 정체성을 알리고 팬과 거리를
좁힐 수 있는 마스코트의 중요성을 증대하고자 'K리그 마스코트 반장선거'를 기획했다.
사진 한국프로축구연맹

나는 다소 황당한 플레이나 헛웃음을 자아내는 장면도 마냥 비판
하기보다는 웃음이 담긴 모습으로 승화시켜보자는 취지에서 만
들었다. 이제 사람들이 찾아보는 콘텐츠가 됐다."

　이들은 비시즌에 공백이 생길 때도 콘텐츠 제작에 골몰했다.
그 덕에 2020년 코로나19 여파가 닥쳤을 때도 잘 대처해낼 수 있
었다. 대표적인 예가 2020년 2월 22개 구단 마스코트들을 상대로
치른 'K리그 마스코트 반장선거'다. 오랫동안 이 프로젝트를 구상
해왔는데 마침 코로나19로 시즌 개막이 연기돼 콘텐츠 제작에 사
용할 것이 바닥났을 때 유용하게 쓸 수 있었다. 이준영 씨가 당시
제작에 착수한 배경을 털어놨다. "다른 스포츠 리그를 보면서 착
안한 아이디어였다. 반장선거라는 말을 들으면 설명하지 않아도
될 정도로 공감대가 있으니, 팬들의 참여를 이끌어낼 수 있다고

봤다. K리그를 대표할 마스코트나 심볼을 따로 만들면 비용이나 시간도 들고 친숙해질 기간도 필요하다. 그보다는 반장선거로 뽑힌 마스코트를 활용하는 편이 여러모로 도움이 될 것 같았다." 그는 끝으로 "경기 영상만 갖고 콘텐츠를 만들면 비시즌에 할 게 없더라"며 "채널은 경기와 관계없이 늘 새롭게 보고 즐길 콘텐츠를 만들어내야 한다"고 강조했다.

모두의 축구장, 모두의 K리그
교통 약자에게 문턱 낮춘, 모든 이의 축제

20세기 K리그는 '아재들의 놀이터'로 여겨졌다. 술잔을 부딪치고 오징어를 씹으며 이따금씩 경기장이 쩌렁쩌렁 울리도록 욕설을 내뱉어도, 선수들은 그러려니 하고 받아들이던 시절이 있었다. 그러나 1990년대 후반 안정환과 이동국, 고종수 같은 스타들이 등장하고 2002년 한일 월드컵 이후 여성과 어린이 팬이 크게 늘면서 K리그의 관람 수준과 팬 서비스는 점점 높아졌다.

그러나 21세기에 들어서도 소수자를 향한 배려는 좀처럼 늘지 않았다. 그중에서도 휠체어를 타고 경기장을 찾는 교통 약자의 불편함이 컸다. '모두의 K리그'로 발돋움하지 못했다는 얘기다. 교통 약자와 그 가족들의 얘기에 귀를 기울여보면 아직 K리그가 갈 길은 먼 듯하다.

이들은 예매 사이트에서부터 소외된다. 공짜표나 할인을 받기보다 비장애인과 마찬가지로 쾌적하고 편리한 관람 환경이 보장되기를 원하지만, 구단에게 이들의 관람 환경은 후순위로 밀린다. 예매 사이트에 휠체어석 구매 창이 없거나 아예 현장 구매 정보조차 나오지 않는 경우가 많다. 사전에 좌석을 선택할 수 없다는 얘기다. 경기장을 가도 안내 요원이 휠체어석 입장 경로를 몰라서 다른 관계자에게 물어서 알려주는 경우가 허다하다.

현장 관계자들은 "휠체어석은 무료입장이거나 할인이 크니 예매 사이트에 좌석을 올리는 게 무리"라고 하지만, 정작 경기장을 찾으려는 이동 약자들은 "가격을 조금 올리더라도 차별 없이 정보에 접근하고 좌석도 선택할 수 있도록 하는 게 진짜 우리를 위한 일"이라고 한다. 정보 없이 경기장을 찾았다가 휠체어석 동선을 찾아다니는 일로 진을 빼거나, 어떤 경우엔 휠체어석이 꽉 차서 통로에서 경기를 관람하는 일도 생기기 때문이다.

실제 2019년 서울월드컵경기장에선 휠체어석 출입구에 경기장 내 입점한 대형마트의 적치물이 쌓여서 출입구 안내표지가 가려져 있었다. 경기장 중앙처럼 좋은 자리에서 관전하려면 경기 시작 1시간 전에 와 휠체어석을 확보해야 하는데, 조금 늦으면 빈자리를 찾아 이리저리 움직이며 눈치 게임을 벌였다.

가장 곤란했던 건 휠체어석에 비장애인이 진을 치고 있을 때다. 중증장애인 지 모 씨의 조력자 강병의 씨는 안산 그리너스의 팬인 지씨와 함께 경기장을 자주 찾는데, 서측에 한 줄로 마련된 휠체어석 맨 끝자리서 경기를 지켜보는 지씨를 바라볼 때 그런 생각이 든다고 했다. "장애를 가진 이들도 좋은 자리에 앉고 싶은 건 마찬가지예요. 좌석 선택권조차 없는 와중에 비장애인이 장애인석을 점령해버려 끝자리로 밀리는 건 가슴 아픈 일이죠. 휠체어석에서 비켜달라고 요구할 수도 있지만, 괜한 다툼을 벌이기 싫으면 자리로 '알아서' 비켜 앉아요. 예매 시스템이 갖춰지고 현장 발권시에도 좌석을 지정해 입장한다면 이런 일은 벌어지지 않을 겁니다."

그런데 휠체어석 이용자와 가족들은 최근 수년 사이 K리그 경기장에서 이동 약자들의 관람 환경에 긍정적 변화가 생기고 있다고 전했다. 권영혜 씨는 "휠체어석 출입구를 가리던 마트 적치물은 1년 사이 모두 사라지고, 안내 현수막은 커졌다. 휠체어석 부근에 전동휠체어 충전기가 새로 설치되는 변화도 있었다"고 말했다. 그러면서 "2019년 하반기에 이동 약자들 사이에서 이 같은 변화가 소문이 나 휠체어석 관중이 늘었고, (제한적 관중 입장이 이뤄진) 2020년에도 만족도가 높아진 모습이다"고 덧붙였다.

2021년 시즌부터는 이동 약자들이 높게 느껴왔던 K리그 경기장의 문턱이 더 낮아진다. 한국프로축구연맹이 '이동 약자를 위한 K리그 경기장 안내 지도'를 제작하면서다. 이동 약자를 위한 지도 제작 프로젝트는 연맹과 하나금융그룹, 사회복지공동모금회가 장애인의 경기 관람 권리를 높이고 스포츠의 저변을 확대하기 위해 기획했다. 연맹 관계자는 "K리그 경기장을 찾는 장애인, 고령자, 임산부 같은 이동 약자들이 경기장을 좀 더 쉽고 편리하게 찾을 수 있도록 정보를 제공하기 위해 추진한 프로젝트"라면서 "모두가 함께 즐기는 K리그 관람 문화를 조성해 이른바 '모두의 축

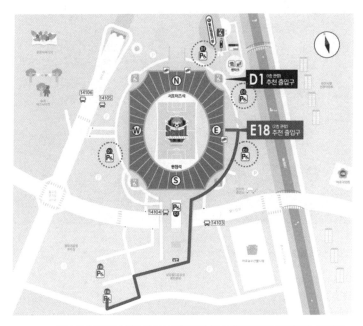

한국프로축구연맹이 '이동 약자를 위한 경기장 안내 지도'를 만들면서 함께 연 홈페이지.
경기장 목록에서 해당 경기장을 누른 다음, 경기장과 주변 시설이 표시된 지도에서
'휠체어를 탄 캐릭터'를 누르면 자세한 경로 정보가 나온다.
사진 '모두의 축구장, 모두의 K리그' 홈페이지 캡처

구장, 모두의 K리그'를 만들려고 노력하는 중"이라고 밝혔다.

안내 지도 제작을 위해 연맹은 2020년 8월부터 10월까지 휠체어 이용자와 함께 K리그 8개 경기장(대전, 서울, 성남, 수원, 울산, 인천, 전북, 포항)을 우선적으로 실사했다. 이를 통해 입장 게이트와 좌석, 화장실 같은 주요 시설과 경기장 동선을 점검하며 관련 자료를 수집했다. 경기장 주변의 대중교통 시설 위치를 비롯해 경기장까지의 동선, 장애인 주차장, 휠체어석 위치 및 개수, 장애인 화장실, 접근 가능 매점, 장애인 입장료 등 정보도 취합했다. 이런

'필요시 이곳에서 전동휠체어를 충전하세요' : 서울월드컵경기장에선 휠체어석 부근에
전동휠체어 충전기가 새로 설치됐다. 사진 김형준

과정을 거쳐 별도의 홈페이지(map.kleague.com)와 종이지도를
만들었다.

이동 약자를 위한 지도 제작 사업엔 K리그 선수들이 직접 참
여해 의미를 더했다. 연맹은 리그 사회공헌 홍보대사인 축구 전
문 유튜브 채널 '고알레'(Goale)와 함께 은퇴 선수 이동국을 비롯
해 송민규와 오세훈 같은 K리그1 12개 구단의 대표 선수들을 찾
아가 선수들의 노하우를 배우고, 기부 챌린지를 통해 기부금을 조
성하는 공익 축구 예능 콘텐츠를 제작하기도 했다. 여기서 조성된
기부금에 하나금융그룹이 보탠 총 1억 원의 기부금이 이동 약자
를 위한 지도 제작에 활용됐다.

이동 약자와 가족들은 이 같은 긍정적 변화에 반가움을 전하
면서도, 이번 사업이 경기장의 문턱을 낮추는 일의 끝이 아닌 시

작이 되기를 바란다. 권영혜 씨는 "경기장 안내 스태프들이 장애인석 관련 정보를 숙지하지 못하거나, 휠체어석이 특정 구역에만 설치돼 있어 좌석 선택권이 사실상 없는 경기장이 대부분이다. 이번 사업을 계기로 휠체어석 운영에 대한 연맹 차원의 일관된 정책이 시행된다면 저변이 더 넓어질 것"이라고 기대했다.

계륵이 된 월드컵경기장: 현주소

2002년 한일 월드컵 개최를 위해 지어진 월드컵경기장 10곳 가운데 9곳이 2021년 개장 20주년을 맞았다. 그런데 월드컵경기장 다수가 사후 활용을 충분히 고려하지 않은 채 지어져 세금을 축내고 이젠 축구 경기조차 열지 않는 신세가 됐다. 노후화로 이전보다 더 많은 지출이 우려되는 월드컵경기장의 현주소와 대안 등을 짚어봤다.

어느덧 스무 살, 갈 길 못 찾는 월드컵경기장

나는 부산아시아드주경기장. 이래 봬도 짓는 데 2269억 원이 투입돼 2001년 9월 19일 문을 연 비싼 몸이야. 한두 살 때는 말이지, 정말 잘나갔어. 2002년 6월 4일 한국 축구 역사상 첫 월드컵

본선 승리(폴란드전에서 2대 0 승리)의 환희, 또 그해 가을 북한이 참가한 부산 아시안게임 때의 감동이 아직도 생생해.

그때만 해도 내가 축구의 성지이자 평화의 상징이 될 줄 알았어. 그런데 스무 살이 된 지금 내 처지는 처량하다 못해 처참해. 대형 태풍에 지붕막이 날아갔는데, 내 주인은 돈이 없다고 나중에 고쳐준대. 그런데 더 가슴 아픈 게 뭔 줄 알아? 새 옷을 입어도 날 보러 찾아올 사람이 없다는 거야.

몇 년 전만 해도 프로축구를 보기 위해 수천 명씩이라도 꾸준히 찾아와서 존재의 이유는 느끼며 살았는데…. 구단은 5만 5982석 규모인 내가 자신들의 형편에 비해 너무 큰 집이라며 작은 집으로 떠났어. 그나마 운동 삼아 내 주변을 걷고 뛰는 사직동 주민들과 반려견들이 있어 위안이 돼.

나를 유지하는 데 드는 돈은 시민들이 세금으로 메우는데, 시민들은 그 사실을 잘 모르거나 알더라도 어쩔 수 없다고만 여기는 것 같아. 문제는 내가 나이가 들면서 이곳저곳 치료할 곳이 점점 많아진다는 점이야. 벌써부터 전기, 통신, 잔디, 트랙 등 온몸이 아파오고 있어. 이대로 그냥 두면 대수술이 필요할 테고 시민들에겐 큰 부담이 되겠지.

아직 살아갈 날이 많은 내가 더 가치 있게 쓰이면 좋겠어. 시민들에게 세금 부담만 안기는 존재가 아니라 활력을 주고 더 나아가선 수익도 내며 사랑받는 삶을 살고 싶어. 비슷한 시기에 월드컵을 위해 태어난 '동기' 10개 구장 가운데 상당수도 나와 비슷한 처지야. 스무 살이 된 우리가 스스로 일어설 방법은 정말 없을까?

"값비싼 산책로", "가끔 콘서트 하는 곳 아닌가"

2021년 1월에 찾은 부산아시아드주경기장은 2020년 9월 태풍 마이삭이 남긴 상흔을 치유하지 못한 채 방치돼 있었다. 개장 20주년을 맞았지만 잔칫상은 언감생심이고, 방사형 기둥에 설치된 총 48개 지붕막 가운데 찢어져나간 9개를 수리하기 위한 예산조차 확보하지 못해 흉물스러운 모습으로 스무 살의 첫날을 맞았다.

2002년 스포츠 시설 중 최초로 한국건축문화대상을 품으며 '작품'이라는 평가도 받았던 이곳. 그러나 이젠 이곳을 가까이 두고 사는 어느 누구도 그 쓸모를 쉽게 언급하지 못했다. 사직동에 사는 윤정옥 씨는 "주민들이 산책하러 가끔 가는 곳"이라고 했고, 또 다른 주민은 "큰 행사는 1년에 손에 꼽힐 정도로 열린다"며 "그냥 값비싼 산책로"라고 했다.

경기장 근처에서 식당을 운영하는 이수희 씨는 "손님 대부분이 주민이나 야구장 관람객"이라며 "장사하는 입장에선 (주경기장에서) 뭐라도 하는 게 좋지만 가끔 콘서트가 열릴 때나 손님이 반짝 몰린다"고 푸념했다. "차라리 열리지도 않는 국제대회 개최를 대비해 주경기장을 닫아놓기보다는 주말에 지역 축구인들에게 대관하는 게 낫지 않겠느냐"고도 지적했다.

이곳에선 2004년 12월부터 2019년 6월까지 15년간 A매치는 한 차례도 치러지지 않았고, 2017년부터는 프로축구 경기도 열리지 않는다. 운영 적자는 세금으로 메운다. 인근 상인들은 "상권에 도움 되는 시설은 아니다"고 입을 모았다. 주민과 상인 대부분 최

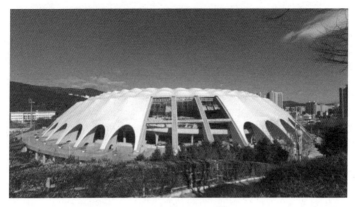

개장 20주년을 맞은 부산아시아드주경기장. 2021년 첫날에 찾은 경기장은 2020년 9월 태풍 마이삭이 남해안을 강타했을 때 찢어진 지붕막이 수리되지 않은 상태로 유지되고 있었다. **사진** 김형준

근 수년 사이 이곳에서 열린 가장 큰 이벤트로 '싸이 흠뻑쇼'를 꼽는데, 이마저도 2019년엔 주경기장이 아닌 보조구장에서 열렸다.

20년 흘러도 혼자 못 일어서는 '월드컵 성지'

취재진이 한일 월드컵을 개최한 국내 10개 구장의 운영 주체들을 대상으로 정보공개를 청구해 최근 10년(2010~2019년)간 경기장 운영에 따른 손익 결과를 수집해 분석해보니, 부산아시아드주경기장을 포함한 8개 구장이 적자 운영 중인 것으로 파악됐다. 국내에서 가장 많은 수용 인원(6만 6422석)을 자랑하는 대구스타디움(대구월드컵경기장)은 최근 10년 사이 200억 원이 넘는 적자를 기록했고, 부산의 경우 지출 내역 가운데 인건비 등을 제외한 유지보수비만 집계하고도 37억 원에 가까운 적자를 냈다.

꾸준히 K리그 경기가 열리고 있는 울산문수축구경기장을 비롯해 전주, 대전, 서귀포 월드컵경기장도 경기장 운영만으로는 적자를 피할 수 없었다. 월드컵 열기가 남아 있던 2010년 이전까지는 수익성을 고민하거나 시행착오를 겪을 시기로 여겨졌지만, 이후에도 각 지방자치단체와 시설관리공단 같은 운영 주체 다수가 경기장의 수익성을 개선할 뾰족한 대책을 내놓지 못했다는 얘기다. '월드컵 성공적 개최'에 매몰돼 건축 당시 사후 활용 계획을 세우지 않고 규모를 키우고 외관을 꾸미는 데 치중한 대가를 오롯이 개최지 시민들이 치르는 셈이다. 부지 선정과 설계 과정에서부터 사후 활용을 고민한 데다 많은 인구가 경기장을 활용하게 함으로써 같은 기간 수백억 원 흑자를 낸 서울(791억 1000만 원)과 수원(227억 4600만 원) 월드컵경기장 정도만 스스로 일어섰다. 이제 서울월드컵경기장은 '황금알을 낳는 거위'로 불린다. 지금도 대회 유산을 지키면서 시민들의 발길이 끊이지 않는다.

그나마 이 가운데 일부는 민영화하거나 경기장 부지 내에 상업 시설을 운영해 시민 부담을 줄이고 있다. 프로야구 SK 와이번스에 위탁 운영을 맡긴 인천문학경기장(인천월드컵경기장), 경기장 주변 땅을 활용해 9홀 규모의 골프장을 운영함으로써 적자를 면하는 전주월드컵경기장이 대표적이다. 운영 주체인 전주시설공단의 관계자는 "영업일이 적어서 경기장만 운영해서는 당연히 적자가 난다. 월드컵이 끝난 후 경기장 부지 내에 골프장과 웨딩홀, 사우나 등을 갖춰 수익 사업을 발굴했다"고 밝혔다. 이곳은 최근 10년간 매해 수지율(지출에 대한 수익의 비율) 100퍼센트에 육박하거나 이를 넘겨 자립도를 갖춘 모습이다.

"경기장이 너무 크다", 프로축구 구단마저 작별

광주도 전주와 마찬가지로 경기장만으로는 적자(234억 원) 운영 중이지만 경기장 부지 내에 세운 쇼핑몰 운영 업체들로부터 임대료를 받아 흑자를 낸다. 그러나 2020년부터는 경기장조차 활용할 수 없게 돼 큰 고민을 떠안았다. 이곳에서 홈경기를 하던 광주FC가 2020년 7월부터 광주월드컵보조경기장을 리모델링한 광주축구전용구장으로 옮기면서 사실상 '주인 없는 집'이 돼버린 것이다. 시민들의 여가 시설이라는 명분 아래 적자가 용인되던 광주월드컵경기장이 이제 프로축구마저 열리지 않게 되면서 존재의 이유마저 잃어가는 모습이다.

광주FC 구단이 4만 245석 규모의 '큰 집'(월드컵경기장)을 떠나 1만 7석 규모의 '작은 집'(축구전용구장)으로 옮긴 가장 큰 이유는 기존 경기장이 '너무 커서'다. K리그의 관중 규모에 비해 경기장이 워낙 커 경기 관람시 몰입감이 떨어지는 데다, 그라운드와 관중석 사이에 육상 트랙이 깔려 있어 관람의 질 또한 낮아진다. 이 같은 문제들을 해결하고자 결국 홈구장의 다운사이징을 결단한 것이다.

구단의 경기장 다운사이징은 광주와 부산(2017년 1만 2349석 규모의 구덕운동장으로 이전)에 이어 인천과 대구로 번져갔다. 인천 유나이티드는 2012년 인천문학경기장(5만 1237석)을 떠나 인천축구전용구장(2만 300석)에 새 집을 마련했고, 대구FC는 2019년 대구스타디움을 떠나 대구시민운동장을 축구 전용 구장으로 리모델링한 DGB대구은행파크(1만 2172석)로 홈구장을 옮겼다.

자연히 이들 지역에 있는 '월드컵 성지'엔 광주와 마찬가지로 축구 팬들의 발걸음이 뚝 끊겼다. 축구 국가대표팀 경기(A매치)나 육상 대회 같은 스포츠 이벤트보다 조용필, BTS, 싸이 등이 나서는 초대형 공연 때나 북적인다. 그마저도 해마다 손으로 꼽을 정도다. 경기장 규모에 맞는 행사를 유치한 영업일 수가 연간 10일도 되지 않는 해가 허다하다.

지붕 날아가고 트랙은 낡고, 유지보수비 껑충

더 큰 문제는 경기장 노후화에 따른 유지보수비 상승이다. 나이가 들어가니 곳곳에서 '대수술'이 펼쳐지는데, 수술비는 영락없이 시민들의 부담으로 돌아간다. 부산아시아드주경기장은 월드컵 직후인 2002년 8월 남해안을 강타한 태풍 루사, 이듬해 상륙한 태풍 매미의 영향으로 지붕막이 파손되며 세금을 축냈다. 경기장을 운영하는 부산시 체육시설관리사업소 관계자는 "2019년까지 총 20장의 지붕막을 교체한 가운데, 2020년 9월 태풍 마이삭의 영향으로 9장이 추가로 파손된 상태"라고 전했다.

사업소 관계자에 따르면 지붕막 한 장을 교체하는 데 3억 원가량 세금이 책정되는데, 2020년 파손된 9장은 예산이 없어 교체 시기를 2021년으로 미뤘다. 개장 후 20년 동안 지붕막 교체에만 80억 원가량 세금이 투입되는 셈이다. 이 밖에도 전기, 통신, 기계 설비, 소방 등 모두 순차적으로 보수가 필요해 경기장을 유지 보수하는 데 드는 추가 비용은 꾸준히 지출된다는 게 관계자의 설명이다. 인근 상인 A씨는 "태풍이 오면 또 찢어질 지붕막을 굳이 세금을 들여 고칠 필요가 있겠느냐. 지붕막이 아니라 경기장 전체가 없어져도 신경 쓸 사람이 별로 없을 것"이라며 냉소적인 반응을 보였다.

다른 구장들도 경기장 보수에 따른 굵직한 비용 지출이 이미 시작됐거나 예고돼 있다. 정보공개포털 자료에 따르면 인천시는 인천문학경기장과 보조구장의 육상 트랙이 노후해 경기장으로서 기능을 상실했다고 판단해, 2019년 20억 원이 넘는 비용을 들여 트랙을 교체했다. 광주시는 2020년 총 사업비 69억 2800만 원 규모로 광주월드컵경기장의 천장 및 지붕을 개보수하는 공사를 추진했다. 경기장에 대한 안전 진단 결과 관람석 천장 부위 방조망의 볼트와 너트 등이 노후해 보수가 시급하다는 결론이 나온 게 추진 배경이다. 이와 함께 대부분 경기장들은 개장 후 20년 사이 진행된 지구온난화로 잔디를 교체하고 보수하는 주기가 단축돼 이에 따른 지출 확대로 골머리를 앓고 있다.

계륵이 된 월드컵경기장: 대안

전문가들은 시작부터 잘못된 월드컵경기장 사후 활용 계획을 지금이라도 진지하게 다시 논의해야 한다고 지적한다. 김상철 나라살림연구소 연구원은 "설계 단계부터 월드컵이라는 일회성 이벤트만 고려하고 사후 활용은 뒷전이었던 게 가장 큰 원인"이라고 했다. 그런데 향후 유지 보수와 리모델링 등에 상당한 세금이 투입된다는 점을 고려할 때 대책을 논의할 시간이 그리 많지 않다.

20여 년 전 서울월드컵경기장을 설계한 류춘수 종합건축사사무소 이공 회장도 점점 활용도가 떨어지는 구장들의 생존 해법을 하루빨리 찾아야 한다고 조언했다. 구장들의 유지관리비 상승은 지금까지 쏟아 부은 세금보다 훨씬 커질 것이 불 보듯 뻔하다. 그는 "늙고 병들면 고치는 비용이 많이 드는 사람과 마찬가지로, 경

2004년 4월 3일 서울월드컵경기장에서 열린 FC서울과 부산 아이파크 간 K리그 개막전. FC서울이 연고를 옮기고 이곳에서 치른 첫 경기였다. 사진 FC서울

기장도 시간이 더 흐르면 수술조차 어려워진다. 돈(유지비)은 돈대로 들인 뒤 사망 선고를 받기보다는 지금부터라도 과감히 투자해 고쳐야 한다"고 강조했다.

그러기 위해선 월드컵을 성공적으로 개최함으로써 재미를 본 대한축구협회에겐 책임감이, 지방자치단체장에겐 활용도를 높이기 위한 과감한 결단이 요구된다. 김상철 연구원은 "지을 때는 중앙정부의 의지가 크게 반영된 사업이지만 사후 활용은 지방자치단체에게 책임이 떠넘겨진 상황이다. 중앙정부도 참여해 해결책을 찾고, 지방자치단체와 공무원, 더 나아가 시민들도 경기장을 유지 보수하는 데 들어가는 세금이 당연한 지출이라는 인식을 깨야 할 때"라고 지적했다.

강준호 서울대 사범대학 교수(스포츠산업연구센터 소장)도 "경기장을 지어놓은 뒤부터는 쓰지 않으면 손해"라면서 월드컵의 유산을 활용할 장기 전략을 세워야 한다고 했다. "현재 세금은 지속적으로 투입되는데 경기장은 제대로 활용되지 않는 최악의 상황이다." 그러면서 "수익성을 따질 수밖에 없는 민간 업체에 경기장과 부속 시설들에 대한 운영을 위탁하는 방안 등 지방자치단체장의 결단도 필요한 때"라고 지적했다.

"축구장을 핫 플레이스로", 대전의 꿈은 이뤄질까

한일 월드컵 16강 이탈리아전 승리의 환희를 간직하고 있는 대전월드컵경기장이 이제 체질 개선에 나선다. 대전시가 2022년부터 구장 및 주변 시설에 대한 운영권을 지역 프로축구단(대전하나시티즌)의 운영 주체인 하나금융축구단(재단법인)에 넘기기로 하면서다. 연간 수십억 원 이상이 투입되던 축구단을 2020년 하나금융축구단에 넘기면서 재정 손실을 줄인 대전시는 구단에 경기장 및 주변 시설에 대한 운영권까지 함께 넘겨 비효율적이던 월드컵경기장 운영의 패러다임을 바꾸겠다는 계획이다.

운영권을 이어받은 구단은 연간 20일 안팎인 영업일 외엔 사람의 발길이 뚝 끊기는 점을 해소하기 위해 방안을 마련 중이다. 340여 일에 달하는 비영업일을 해결하려면 경기가 없는 날에도 경기장 주변에 사람이 몰리게 하는 장치를 마련해야 한다는 게 구단이 내놓은 방향이다. 대전시에 부족한 종목의 스포츠 시설을 월드컵경기장 부지에 확충하고 단계적으로 문화 시설까지 갖춘

다면 충분히 실현 가능하다고 판단하고 있다.

구단은 2020년부터 경기장과 주변을 지역의 핫 플레이스로 키워 K리그 경기가 없을 때도 대전 시민들이 꾸준히 찾는 공간으로 만들겠다는 청사진을 그렸다. 구단 관계자는 인터뷰에서 "아직까지 경기장에 수천 명 넘는 유동인구가 몰릴 때는 K리그 경기와 공연 행사가 열리는 날 뿐이다. 1년에 고작 20일 정도 되는 영업일을 '매일'로 늘리기 위한 구상을 하고 있다"고 전했다. 2022년엔 DGB대구은행파크처럼 경기장의 네이밍 라이츠naming rights(시설 명명권)도 판매해 월드컵경기장을 둔 다른 지방자치단체에도 좋은 본보기를 남기겠다는 그림도 그리고 있다.

예정대로라면 구단은 2022년부터 향후 25년간 경기장 운영을 맡아 스포츠 마케팅 영역을 확대할 수 있다. 2010년에 개정된 스포츠산업진흥법 제17조 2항에 따르면 지방자치단체나 공공 기관은 프로스포츠 육성을 위해 공유 재산을 25년 이내에서 사용·수익을 허가하거나 관리를 위탁할 수 있도록 규정돼 있어 법적 근거는 마련돼 있다. 경기장뿐 아니라 경기장 내 주차장, 편의점 등 17만 2378제곱미터 규모 부지의 운영권까지 얻는 구단은 향후 이곳에 대전시에 부족한 스포츠 클라이밍 시설과 골프 연습장, 3대 3 농구장 등 다양한 체육·문화 시설을 확충하겠다는 계획을 마련했다.

여건은 좋다. 구단은 경기장 소재지인 유성구의 인구가 크게 늘어난 점에 주목한다. 유성구청에 따르면 실제 이 지역 인구(주민등록 기준)는 월드컵이 열린 2002년(18만 8478명)에 비해 2020년(35만

평일 최다 관중을 기록한 2003년 6월 18일 대전 시티즌과 울산 현대 간 경기가 열린 대전월드컵경기장. **사진** 대전 하나시티즌

1047명) 두 배 가까이 늘었다. 또 인근 세종시와 근접해 있다는 점도 큰 매력이다. 구단 관계자는 "우리의 목표는 높은 수익을 추구하는 게 아니다"라면서 "스포츠 행사는 물론 각종 사회복지 행사 등을 열어 지역에 필요한 공간 대여 기능을 이어가되, 단계적으로 구단과 시민이 어우러지는 공간으로 만드는 게 궁극적 목표"라고 말했다.

조례 개정이 선결 과제, 인천에선 특혜 시비도

다만 이 같은 구상이 실현되려면 지구단위계획 재정비 같은 제도적 뒷받침이 먼저 이뤄져야 한다는 게 구단의 입장이다. 현행 조례(지방자치단체 법규)상 경기장 부지는 지구단위계획에 따라 용도 및 건폐율(대지면적 대비 건축면적 비율) 제한이 까다롭다. 구

K리그를 읽는 시간 2

단 측은 "현재 경기장 부지 건폐율(20퍼센트)이 꽉 차 있어 스포츠 시설을 확충하려 해도 최소한의 건축도 허용되지 않는 상황이다. 규제 완화 없이는 적극적인 추진이 어려워 지방자치단체 등과의 논의가 필요하다"고 밝혔다.

월드컵경기장 민간 위탁 카드를 먼저 꺼내든 건 인천시였다. 인천시는 인천문학경기장도 활용하기 어려운 상황에서 지난 2014년 아시안게임 개최를 명분 삼아 서구 연희동에 인천아시아드주경기장을 새로 지었다. 결국 재정 건전성에 빨간 불이 켜지자 인천문학야구장 운영을 원하던 프로야구단 SK 와이번스에 주경기장까지 묶어 운영권을 내줘 수익을 내기 시작했다. 인천시 체육진흥과 관계자는 "민간이 경기장 운영을 맡을 경우 (지방자치단체가 맡을 때보다) 더 적극적인 수익 활동을 벌이게 된다. (영업일이 상대적으로 많은) 야구장을 찾아오는 손님들로 인해 주경기장의 적자를 채우는 구조"라고 설명했다.

인천시에 따르면 민간에 위탁한 후 인천문학경기장 부지에선 야구장과 주차장 수익을 통해 2019년까지 매년 흑자를 냈다. 계약 연장을 통해 오는 2023년까지 인천문학경기장 일대 운영권을 갖게 된 SK 와이번스는 2016년 야구장에 세계에서 가장 큰 전광판을 설치해 팬들의 만족도를 크게 높였다. 농구 코트 3개를 합친 규모와 비슷한 1138제곱미터짜리 전광판을 활용해 콘텐츠를 다양화했고, 네이밍 라이츠(인천SK행복드림구장), 관람석 다양화, 자체 식음 사업 등으로 마케팅 효과를 극대화했다. 반면 인천시설공단이 운영하는 인천아시아드주경기장은 대회 이듬해인 2015년부터 5년간 무려 100억 5900만 원 적자를 냈다.

인천문학경기장의 운영을 민간에 위탁함으로써 일단 인천시와 SK 와이번스가 모두 웃는 결과를 내고 있지만 주경기장은 여전히 애물단지다. 또 위탁 운영이 시작된 2014년 초 구단과 공무원 사이에 유착한 의혹이 불거진 데다 재계약이 이뤄진 2018년 이후엔 지방자치단체에 불리한 수익 배분 구조라는 지적이 나오는 등 잡음이 이어져 위탁 과정에서 투명성을 확보하고 합리적인 수익 배분을 이루는 문제가 과제로 떠오른다.

콘서트로 비영업일 난제 해소한 웸블리

국내와 마찬가지로 해외에서도 축구장의 비영업일 활용은 큰 과제다. 일주일에 최대 6차례의 경기가 열리는 야구장과 달리, 많아야 일주일에 한두 차례 활용되는 축구장은 설계 단계부터 쇼핑, 콘서트, 축제, 연수, 교육 시설을 함께 갖추고 대형 스포츠 이벤트를 추가로 개최하는 등 활성화할 방안을 충분히 세워둬야 한다. 축구 산업이 발달한 유럽의 경우 축구장을 대부분 구단이 소유해 경기장 투어와 박물관, 식당, 구단 상품 판매점 등을 상시 운영해 수익을 낸다. 하지만 홈 팀이 없는 경우라면 얘기는 달라진다.

'영국 축구의 심장' 웸블리 스타디움은 1923년 만들어진 경기장을 2007년 개축해 준공하면서 다양한 상업 시설과 대형 콘서트를 열 인프라를 갖췄다. 이 사례는 프로팀이 월드컵경기장을 떠난 광주와 대구, 부산, 인천 등지에서 주목할 만하다. 영국축구협

2017년 6월 웸블리 스타디움에서 공연하는 가수 아델의 모습.
이날 아델의 콘서트엔 9만 8000여 명 팬들이 몰렸다.

회가 소유하고 있는 웸블리 스타디움에서도 국가대표 경기, FA
컵, 리그컵 결승전 등이 펼쳐지지만 연고 프로팀이 없어 연간 축
구 경기를 개최하는 날이 손에 꼽힌다. 하지만 멤버십으로 운영되
는 이곳엔 평일에도 쇼핑몰을 이용하고 경기장 투어를 하려는 수
많은 시민과 관광객이 몰린다.

경기장 투어 땐 전설적인 공연도 잇따른다. 옛 구장 때부터 퀸,
비틀스, 마돈나, 롤링 스톤스, 엘튼 존, 마이클 잭슨, 오아시스 같
은 뮤지션들이 공연을 펼쳐 '콘서트의 성지'로서의 역사도 이어
왔다. 2019년 6월엔 방탄소년단도 이곳에서 공연을 펼쳤다. 당시
BTS는 미국 로스앤젤레스의 '로즈 볼 스타디움', 시카고의 '솔저
필드', 뉴저지의 '메트라이프 스타디움', 파리의 '스타드 드 프랑
스' 등 축구 및 미식축구 경기장을 돌며 공연했다. 이처럼 쓸모를

찾지 못하고 있는 경기장을 콘서트에 특화된 장소로 바꾸는 정책도 검토해볼 만하다.

"돔 구장으로 리모델링해야", "주거 공간으로"

시민들을 대상으로 월드컵경기장 활성화 방안에 대해 의견을 물어보니 꽤나 구체적이고 획기적인 발상도 일부 있었다. 이젠 프로축구도 열지 못하게 된 부산아시아드주경기장, 대구스타디움, 광주월드컵경기장, 인천문학경기장을 활용하는 방안이 대부분이었다. 비록 현행 조례상 도입이 불가능하거나 가능하더라도 공론화를 거쳐 상당한 시간과 투자가 필요한 의견들이 많았지만, 거기엔 '월드컵 성지'가 시민과 더 가까워지기를 바라는 마음이 배어 있었다.

그중에서 부산아시아드주경기장을 사직야구장의 대체 시설로 삼되 비가 와도 경기를 치를 수 있도록 가능한 돔 구장으로 개조하자는 의견이 가장 많았다. 부산에 사는 김종길 씨는 "사직야구장(1985년 개장)이 너무 낡은 데다 비가 내리면 야구 경기를 할 수 없다. 인기 스포츠인 야구 경기가 꾸준히 열릴 공간으로 바꿔 세금 낭비를 줄이고 시민들의 사랑을 받았으면 한다"고 했다. 부산아시아드주경기장을 돔 구장으로 리모델링하자는 의견은 실제 부산 지역 야구인들 사이에선 부산 아이파크가 구덕운동장으로 떠나기 전부터 나왔었다. 곽경선 씨는 "(태풍이 오면) 계속 찢어지는 상부 천막 대신 완전한 돔 구장으로 만들어 대형 공연장으로

런던 북부의 주거 공간 '하이버리 스퀘어'로 변신한
아스널FC의 옛 홈구장 하이버리 스타디움

활용하자. 벡스코(BEXCO)에서 소화하기 어려운 부산원아시아페
스티벌을 고정적으로 개최하거나 나훈아나 BTS 등이 오르는 대
형 공연에 특화된 시설로 만들자"고 활용 방안을 제시했다

　한혜신 씨는 텅 빈 채 방치되는 구장을 시민과 아마추어 선수
들을 위한 시설로 활용하자는 취지의 의견을 내놨다. "지역 유소
년부터 대학 선수들에 이르기까지 월드컵경기장을 사용하도록
허락해 활용도를 높이면, 어린 선수와 동호인들에게 큰 동기부여
가 될 것이다." 어차피 국제 대회조차 꾸준히 열리지 않는다면, 경
기장의 잔디를 과감히 인조잔디로 교체한 뒤 유료 개방함으로써
유지 비용을 줄이고 시민들에게 성큼 다가가는 길이 좋겠다는 의
견도 있었다.

　경기장의 일부를 철거한 뒤 주거 공간으로 꾸리자는 파격적인

제안도 나왔다. 최범준 씨는 2006년 새 홈구장(에미리트 스타디움)으로 이전하며 기존 홈구장인 하이버리 스타디움 일대를 지역민을 위한 주거 공간으로 활용한 영국 프리미어리그 아스널FC의 사례를 언급하면서, "관중석을 한 면만 남기고 나머지 세 면을 없애다시피 하면 아파트 재건축을 통해 양질의 주거 공간을 마련할 수 있다"고 했다. 실제 영국에선 챔피언십(2부 리그) 클럽인 브렌트포드FC의 옛 구장 그리핀 파크, 웨스트햄 유나이티드의 옛 구장 불린 그라운드(업턴 파크) 자리에 주거 공간을 만들기도 했다.

이 밖에도 "경기장 안팎의 넓은 공간을 활용해 '반려견 테마파크'를 상설 운영한다면 수요가 많을 것", "주차장이 충분하다는 장점을 살려 어린이들을 위한 스포츠 복합 시설 및 직업 체험 시설을 꾸린다면 시민들의 발길이 끊이지 않을 것" 등의 의견도 나왔다.

통계로 본 K리그, 기록 맛집

코로나19 확산으로 2020년 시즌 개막이 미뤄지는 동안, 한국 프로축구연맹은 많은 양의 기록 정보를 대방출했다. 경기가 없는 중에 팬들의 관심을 개막 때까지 이어가기 위해 콘텐츠를 발굴해 소개한 것인데, 이 과정에서 그간 팬들이 접근하지 못한 정보들이 쏟아져 큰 호응을 받았다. 2019년까지의 의미 있는 기록들도 대거 풀렸다. 일테면 말로만 떠돌던 '홈 어드밴티지'도 수치로 입증됐다. K리그에 지역연고제가 정착한 1987년부터 2019년까지 집계된 모든 경기의 홈 팀 승률은 54.2퍼센트(무승부는 0.5승으로 계산)로, 원정 경기 승률(45.8퍼센트)보다 8.4퍼센트 높았다. 홈 팀이 절반 이상의 경기에서 승리를 거둔 셈이다. 홈 승률이 가장 높은 팀은 공교롭게도 K리그 구단 가운데 가장 열렬한 팬을 보유한 수원 삼성(64퍼센트)이었다.

다음은 한국프로축구연맹이 펴낸 통계에 토대해 정리한 내용이다.

K리그 원클럽맨

1983년 K리그 원년부터 2019년까지 K리그를 거쳐 간 선수는 총 5038명이다(K리그 공식 경기의 출전 선수 명단에 한 번이라도 등록된 적이 있는 선수 기준). 이 중 K리그 내에서 오직 한 구단 소속으로만 300경기 이상을 출전한 선수의 수는 단 10명, 200경기 이상을 뛴 선수로 범위를 넓혀봐도 그 숫자는 35명뿐이다(리그 기준, 의무 복무로 군경 팀에 소속된 경우는 제외).

1992년 신인상, K리그 베스트11 9회, K리그 최초 60-60클럽 가입 등 수많은 기록을 쓴 신태용은 이 모든 것을 성남 일화와 함께했다. 그는 1992년에 데뷔해 2004년 은퇴할 때까지 13년간 성남 일화에서 총 401경기에 출장해 99골 68도움을 올렸다.

'가물치' 김현석도 울산 현대의 레전드로 대우받는다. 신태용과 함께 1990년대 K리그를 풍미한 그는 1990년 울산 현대에 데뷔해 2003년까지 371경기를 뛰어 110득점 54도움을 기록했다.

현역 선수 중 대표적인 원클럽맨은 포항 스틸러스의 김광석, 전북 현대모터스의 최철순, FC서울의 고요한 등이다. 2003년 포항 스틸러스에서 데뷔한 수비수 김광석은 군 복무 2년을 제외하고 현재까지 포항 스틸러스와 함께하고 있다. 2019년 시즌까지 총 358경기에 출장한 김광석은 현역 선수 중 한 팀에서 가장 많

2020년 8월 30일 포항스틸야드에서 열린 성남FC와의 경기로 포항 스틸러스에서
원클럽맨으로 400경기에 출장한 기록을 세운 당시의 김광석. **사진** 한국프로축구연맹

이 뛴 원클럽맨이다(2020년까지 18년간 포항 스틸러스를 대표하며
409경기에 출장한 그는 2021년 인천 유나이티드로 이적했다).

수비수 최철순 역시 전북 현대모터스에서만 331경기를 뛰며
팬들의 사랑을 받고 있다. 2020년 시즌 FC서울의 주장으로 선임
된 고요한은 구단 최초 3연속 주장직을 연임한 선수가 됐다. FC
서울 유니폼을 입고 지난 2006년 리그컵에서 데뷔한 고요한은
2019년까지 317경기에 나와 FC서울의 중원을 책임지고 있다. 이
외에도 2005년 시즌 FC서울에서 데뷔한 박주영은 유럽 무대를
거쳐 2015년 다시 FC서울로 돌아와 뛰고 있고, 부산 아이파크의
미드필더 한지호와 강원FC의 수비수 김오규가 현 소속 구단에서
만 2019년까지 각각 228경기, 207경기씩 출장했다.

2019년까지 K리그를 거쳐 간 외국인 선수는 총 916명이다. 이

중 한 구단 소속으로만 200경기 이상 뛴 선수든 단 한 명, 바로 브라질 출신 수비수 아디다. 2006년 FC서울에 입단하면서 K리그 무대를 밟은 아디는 8년간 활약하다 2013년 선수 생활을 마무리했다. 아디는 2009년 시즌을 제외하고 매 시즌 30경기 이상 뛰며 K리그에서 총 264경기에 나왔고, K리그 베스트11 수비수 부문에 다섯 번 이름을 올렸다. FC서울에 대한 남다른 애정을 가진 아디는 은퇴하고 2014년 코치로 FC서울과의 인연을 이어가기도 했다

K리그 최고의 SNS 인플루언서는?

K리거 가운데 인스타그램 팔로워가 제일 많은 선수는 무려 63만 명의 팔로워를 자랑하는 전 경남FC의 곽태휘다. 팔로워 중 사우디아라비아 팬들이 다수인 것을 보면 그가 사우디아라비아 리그에서 뛰었을 당시의 인기를 실감할 수 있다.

2위는 2020년 시즌을 끝으로 현역에서 은퇴한 이동국이다. 그는 총 54만 팔로워를 보유하고 있는데 리그 내에서의 입지뿐 아니라 TV에서 여러 예능 프로그램에 출연하면서 높아진 인지도 때문으로 보인다. 특히 육아 프로그램을 통해 선수 본인만큼 유명해진 오남매들은 이동국의 인스타그램 피드 대부분을 차지하는 단골손님이다.

이어서 2021년 수원FC에 합류한 박주호가 총 팔로워 44만 명으로 3위를 차지했다. 유럽 무대와 대표팀에서의 활약으로 축구 팬들에게 이름을 알린 그는 이동국과 같은 예능 프로그램에 출연

하며 '건나블리' 아빠로 대중적인 인기를 끌었다. 그 때문에 박주호의 인스타그램에는 자녀들 관련 게시물에 유독 많은 댓글이 달린다.

4위는 대구FC의 정승원이다. 총 43만 팔로워를 보유하고 있는 그는 출중한 외모 덕에 '달구벌 아이돌'로 불린다. 인스타그램에 주로 '셀카'를 올리거나, 팬들이 본인을 태그한 인스타그램 스토리도 일일이 공유하면서 팬들과 적극적으로 소통한다. 활발한 팬 서비스 덕분에 정승원의 인스타그램 댓글 창에는 해외 팬들의 댓글까지 눈에 띈다.

5위는 상위 5명 중 유일한 외국인 선수이자 총 20만 팔로워를 보유한 수원FC의 라스 벨트비크다. 남아프리카공화국 국가대표 출신인 그는 아직 K리그 팬들에게는 낯선 이름이지만 네덜란드, 잉글랜드, 벨기에 등에서 프로 생활을 하며 프로 통산 255경기에 출전해 112득점을 기록한 베테랑 공격수다. 벨트비크는 인스타그램에 주로 가족과 함께 보내는 일상이나 경기 사진 등을 올리며 활발한 SNS 활동을 즐긴다.

K리그 득점-도움 환상의 짝꿍은 누구?

K리그에는 유독 많은 골들을 합작하며 환상의 호흡을 보여준 짝꿍들이 있다. 데얀이 K리그에서 2019년까지 기록한 통산 189골 중 팀 동료의 도움을 받아 넣은 골은 모두 132골이다. 그의 최고의 짝꿍은 FC서울 시절 함께 뛴 몰리나였다. '데몰리션'이라

는 별명이 생길 정도로 두 선수는 환상의 호흡을 보여줬다. 두 선수가 합작한 골은 모두 21골로, 이는 두 선수의 득점-도움 조합 개수로는 K리그 통산 최다 기록이다. 데얀이 FC서울에 2008년 입단하고 이후 2011년 몰리나가 합류하면서 '데몰리션' 콤비가 가동됐다. 둘은 2011년 6골을 시작으로 이듬해 12골, 2013년에는 3골을 합작했다. 몰리나의 통산 도움은 69개(최다 도움 3위)인데 그중 21개 도움이 데얀을 향한 것이니 그 비율은 30퍼센트가 넘는다.

한편 한 선수가 기록한 득점 중에서 특정 선수의 도움에 의한 비율이 가장 높은 조합은 2003년 전북 현대모터스에서 함께 뛴 마그노와 에드밀손 듀오다. 2003년 혜성같이 등장한 브라질 출신 마그노는 그해 27골을 넣으며 K리그 역사상 '단기 임팩트가 가장 강했던' 외국인 선수 중 한 명으로 꼽힌다. 마그노가 넣은 27골 중 10골이 팀 동료 에드밀손의 도움을 받아 만들어졌다. 전체 27골 중 단독 득점인 7골을 제외한 20골에서 무려 절반을 차지하는 셈이다. K리그 통산 10회 이상 득점을 합작한 선수들 중 마그노와 에드밀손 조합의 통산 득점 대비 단일 선수 도움 비율이 37퍼센트로 가장 높았다. 2위는 산토스와 염기훈 콤비(산토스가 넣은 97골 중 염기훈의 도움이 17회, 17.5퍼센트)다.

그럼, K리그 통산 최다 득점 TOP3 선수들의 특급 도우미는 누구일까? K리그 통산 최다 득점 TOP3(2020년 말 기준)는 이동국(228골), 데얀(198골), 김신욱(132골)이다. 이동국에게 '밥상'을 가장 많이 차려준 동료는 에닝요였다. 몰리나와 함께 K리그 최고의 테크니션으로 불리는 에닝요는 2009년 전북 현대모터스에 합류해 6시즌 동안 이동국과 함께 14골을 합작했다. 에닝요의 뒤를 이어 최태욱과 이재성이 각각 8개, 루이스가 7개, 레오나르도, 박태하, 로페즈가 각 6개씩 이동국을 도왔다. 통산 득점 2위인 데얀에게 가장 많이 도움을 준 선수는 21개인 몰리나이고, 이어 윤일록(8개), 고명진, 하대성(각 6개) 순이었다. 김신욱의 최고의 짝꿍은 이용이었다. 김신욱과 이용은 2010~2014년 울산 현대에서 발을 맞춘 뒤, 2017년 전북 현대모터스에서 다시 만났다. 둘은 울산 현대와 전북 현대모터스에서 각 7골과 1골을 합작해 모두 8골을 만들어냈다.

K리그 최다 도움(110개, 2020년 말 기준)을 기록하고 있는 염기훈의 어시스트를 가장 많이 받은 선수는 산토스다. 2010년 제주 유나이티드에 입단해 K리그 무대를 밟은 산토스는 2013년 수원 삼성으로 유니폼을 갈아입은 뒤 2017년 시즌까지 염기훈과 함께 활약했다. 염기훈과 산토스는 5시즌 동안 빠짐없이 골을 합작하며 모두 17골을 만들어냈다. 특히 가장 인상 깊었던 두 선수의 호흡은 첫 번째 골에서 나왔다. 2013년 시즌 39라운드 홈경기에서 전북 현대모터스를 만난 수원 삼성은 당시 5연패에 빠져 있었다. 하지만 후반 추가 시간에 프리킥이 주어진 상황에서 염기훈의 크로스를 받은 산토스가 머리로 받아 넣으며 1대 0으로 승리해, 5연패를 탈출할 수 있었다. 산토스의 뒤를 이어 염기훈의 도움을 가장 많이 받은 선수는 스테보(6골), 곽희주, 권창훈(각 5골) 순이었다.

염기훈에 이어 역대 도움 2위에 오른 선수는 77도움을 기록한 이동국이고, 3위는 동료의 골에 69차례 관여한 몰리나였다.

K리그 해트트릭

축구에서 한 경기에 한 선수가 3골 이상 터뜨리는 것을 해트트릭이라고 한다. 2019년 시즌 K리그의 경기당 평균 득점이 K리그1이 2.6골, K리그2가 2.8골인 것을 감안하면 해트트릭은 그야말로 엄청난 활약이다. 또 2020년 시즌 주니오가 울산 현대에서 뛰며 기록한 경기당 평균 득점이 0.96골인 것을 봐도 그렇다. '골'과 '공무원'을 합친 '골무원'으로 불리는 선수답게 주니오는 K리그 최초 '경기당 1골'을 달성하지는 못했지만 역사상 가장 가까이 다가섰다.

1983년 8월 25일 유공과 포항 간 경기에서 포항의 김희철이 K리그 역사상 최초의 해트트릭을 달성했다. 이후 인천 유나이티드의 무고사가 2019년 시즌 28라운드에서 울산 현대를 상대로 3골을 넣을 때까지 K리그에서 해트트릭은 모두 189번 나왔다. 샤샤, 김도훈, 데안이 여섯 번으로 가장 많고, 다섯 번은 이동국이 유일하다. 세 번 달성한 선수는 박주영과 윤상철 등 9명, 두 번은 24명, 한 번은 91명이 있었다. 단일 시즌에 해트트릭을 세 번 기록한 선수는 모두 4명이다. 1994년 시즌 포항의 외국인 공격수 라데가 달성하고, 1996년에 세르게이, 2003년에 김도훈, 2014년에 최요셉이 기록했다. 한편 경남FC의 고경민은 K리그 최초 3시즌 연속으로 해트트릭을 달성했다. 미드필더인 고경민은

2016~2018년 부산 아이파크에서 활약하며 매 시즌 해트트릭을 기록했다.

K리그에서 역대 최단 시간에 해트트릭을 완성한 선수는 이승기(전북)다. 이승기는 2017년 9월 전북 현대모터스의 공격수로 출전해 강원FC를 상대로 첫 골을 넣은 지 7분 만에 세 번째 골까지 성공시키며 해트트릭을 달성했다.

수비수로 해트트릭을 달성한 선수도 있는데 홍명보와 최진철이 대표적이다. 홍명보는 1996년 8월 전북 다이노스를 상대로 후반에만 3골을 몰아 넣으며 포항제철의 3대 1 승리를 이끌었다. 최진철 역시 1998년 7월 전북 다이노스의 수비수로 나서 천안 일화를 상대로 해트트릭을 달성했다.

페널티킥으로만 해트트릭을 달성한 선수도 있다. 부산 아이파크의 호물로는 2019년 4라운드 부천FC와의 경기에서 세 번의 페널티킥을 모두 성공해 K리그 최초 '페널티킥으로만 해트트릭을 달성한 선수'가 됐다.

2015년 시즌 36라운드 FC서울과 수원 삼성 간의 슈퍼매치에서 4골을 넣은 포트트릭으로 슈퍼매치 승리를 이끈 윤주태도 인상적이었다. 앞선 3경기에서 1승 1무 1패를 거둔 두 팀은 파이널 A 그룹에서 시즌 마지막 맞대결을 펼쳤는데, 윤주태가 4골을 넣으며 FC서울이 4대 3으로 승리했다. 전반 28분 첫 골을 시작으로 윤주태는 전반 추가 시간 그리고 후반 10분에 연달아 골을 터뜨리며 해트트릭을 완성했다. 이어서 윤주태는 후반 18분 고요한의 패스를 받아 네 번째 골을 넣으며 이른바 포트트릭을 달성했다.

윤주태가 세운 '슈퍼매치 4골' 기록은 당분간 깨지기 힘들 것으로 보인다.

K리그에선 사실 '득점' 해트트릭보다 '도움' 해트트릭이 먼저 나왔다. 김희철이 최초로 K리그 '득점' 해트트릭을 달성한 1983년 8월 25일보다 한 달 앞선 7월 2일, 유공의 김창호가 3개의 도움을 올리며 K리그 최초 '도움' 해트트릭을 기록했다. 이후 2019년 시즌까지 모두 42명의 선수가 총 46번의 도움 해트트릭을 기록했다. 개인 통산 도움 해트트릭을 두 번 달성한 선수는 강득수, 김도훈, 염기훈, 홍철로 모두 4명이다.

K리그 코너킥

1983년 출범한 이래 2019년까지 K리그에서 코너킥은 모두 7만 3335번이 나왔다. 그중 득점으로 연결된 경우는 1063번이었다. 1.45퍼센트쯤 코너킥을 통해 득점이 만들어진 셈이다.

K리그에서 최초로 코너킥에 의한 골이 나온 경기는 1983년 5월 22일 대우와 국민은행 간 경기다. 후반 37분 대우가 코너킥을 얻었는데 이태호의 코너킥을 정해원이 오른발 슈팅으로 연결해 골망을 흔들었다. 이후 2019시즌까지 코너킥 상황에서 모두 1063골이 만들어졌다.

득점 방법으로 보면 머리가 853골로 전체 코너킥 득점 중 80퍼센트를 차지했다. 그 밖에 다리로 182골을 만들었다. 한편 코너킥 득점이 가장 많은 구단은 2019년까지 110골을 넣은 울산 현대였다. FC서울(100골), 부산 아이파크(98골), 포항 스틸러스(95골)가 뒤를 잇는다.

코너킥을 가장 많이 득점으로 연결한 선수는 김신욱이다. 김신욱은 울산 현대에서 뛰던 2010년 시즌 광주 상무를 상대로 코너킥을 통해 처음 골을 터뜨린 뒤, 2019년 시즌 7라운드 전북 현대모터스와 제주 유나이티드 간 경기까지 코너킥 상황에서 모두 15골을 넣었다. 15골 전부 헤딩 골이었다. 그 밖에 김현석이 11골, 우성용이 8골, 양동현과 이근호가 각 7골을 코너킥을 통해 넣었다.

몰리나는 코너킥으로만 18도움을 올려 해당 부문 1위에 올라 있다. 2009년 성남 일화에서 K리그 무대를 밟은 몰리나는 K리그 마지막 시즌인 2015년까지 매 시즌 빠짐없이 코너킥 도움을 올렸다. K리그 최다 도움을 기록 중인 염기훈은 2019년까지 17도움을 코너킥에서 올렸고, 에닝요가 15도움, 신홍기와 권순형이 각 14도움 순이었다.

코너킥이 그대로 골문으로 빨려 들어간 적은 모두 21번 있었다. 2015년부터 2019년까지 포항, 성남, 전북 등에서 활약한 티아고는 K리그에서 '직접 코너킥' 골을 두 번이나 기록한 유일한 선수다. 티아고는 흥미롭게도 그 두 골을 한 시즌에 모두 넣었다. 티아고는 성남FC 소속이던 2016년 시즌 2라운드 수원FC와의 경기에서, 또 11라운드 상주 상무와의 경기에서 한 번씩 코너킥을 바로 골로 연결했다. 한편 코너킥이 저절로 몸에 맞고 들어간 경우는 7번 있었다.

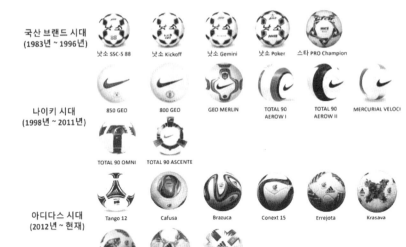

국산 브랜드 시대
(1983년 ~ 1996년)

낫소 SSC-5 88   낫소 Kickoff   낫소 Gemini   낫소 Poker   스타 PRO Champion

나이키 시대
(1998년 ~ 2011년)

850 GEO   800 GEO   GEO MERLIN   TOTAL 90 AEROW I   TOTAL 90 AEROW II   MERCURIAL VELOCI

TOTAL 90 OMNI   TOTAL 90 ASCENTE

아디다스 시대
(2012년 ~ 현재)

Tango 12   Cafusa   Brazuca   Conext 15   Errejota   Krasava

Telstar 18   Conext 19   Tsubasa Pro

K리그 역대 공인구. **사진** 한국프로축구연맹

낫소부터 아디다스까지, K리그 공인구의 역사

2021년 시즌 K리그 공식 공인구는 아디다스의 'CONEXT 21 PRO'이고, 2020년은 아디다스의 'Tsubasa Pro'였다. K리그 공인구의 역사는 크게 낫소와 스타 같은 국산 브랜드(1983~1996년) 시대, 나이키(1998~2011년) 시대, 아디다스(2012년~현재) 시대로 나뉜다.

1983년 슈퍼리그에서는 '낫소 SSC-5 88'을 공식 경기구로 사용했다. 한국 프로축구 최초의 공인구다. 이후 1996년까지 스타의 'Highest'와 'PRO Champion', 낫소의 'Poker'와 'Gemini' 등 국산 브랜드에서 만든 다양한 축구공을 공식 사용구로 채택했다. 그 밖에 1992년부터 2002년까지 리그컵의 개념으로 개최된 '아디다스컵'에서는 아디다스에서 만든 'Etrusco Unico', 'Questra', 'Tricolore', 'Fevernova'를 사용하기도 했다.

1998년부터 2011년까지는 나이키의 경기구를 사용했다. '850 GEO'였다. 이후 해마다 'GEO MERLIN', 'TOTAL', 'TOTAL 90 OㅜㅜMNI' 등의 공이 사용됐다.

2012년 K리그는 아디다스와 공식 파트너십을 체결하면서 'Tango 12'를 공인구로 채택했다. 그해 시작된 K리그와 아디다스의 파트너십은 현재까지 계속되고 있다. 첫 공인구 'Tango 12' 이후 차례로 'Cafusa', 'Brazuca', 'Context15', 'Errejota', 'Krasava', 'Telstar18', 'Conext19', 'Tsubasa Pro'까지 매 시즌 신기술을 접목한 새로운 모델을 선보였다.

특히 2016년 시즌 공인구인 'Errejota'에는 팬 투표에 의해 최고의 캐치프레이즈로 선정된 '너와 나 우리의 K리그'를 새기기도 했다.

K리그 페널티킥

1983년부터 2019년까지 K리그는 총 1만 6418경기를 치렀으며, 페널티킥은 총 2109번 나왔다. 경기당 평균 0.128개꼴로 페널티킥이 나온 셈이다. 페널티킥 성공 횟수는 1671회, 실패 횟수는 438회로, K리그 평균 페널티킥 성공률은 79.2퍼센트가 된다.

현존하는 구단들 중에서 페널티킥 성공률이 가장 높은 구단은 123회 중 106회(86.2퍼센트)를 성공시킨 전남 드래곤즈이다. 그 뒤로는 수원 삼성이 115회 중 99회(86.1퍼센트), 제주 유나이티드가 147개 중 124회(84.4퍼센트) 순이다. 페널티킥 성공률이 가장 낮은 구단은 22개 중 14개(63.6퍼센트)를 성공시킨 충남아산 FC다. 페널티킥을 많이 내준 순서는 제주 유나이티드(171회), 울산 현대(166회), 부산 아이파크(149회), 포항 스틸러스(146회) 등이었다.

전남 드래곤즈와 대구FC에서 활약했던 노상래는 통산 28번 페널티킥 키커로 나섰는데, 단 한 번도 실패하지 않고 모두 성공시켰다. 페널티킥을 20번 이상 찬 선수들 중 '성공률 100퍼센트'의 기록을 보유한 선수는 노상래가 유일하다. 그 밖에 김은중(27회 중 24회, 88.9퍼센트), 데얀(24회 중 21회, 87.5퍼센트), 우성용(30회 중 26회, 86.7퍼센트) 등도 높은 성공률을 보였다.

개인 통산 12번의 페널티킥 중 11번을 성공시킨 부산 아이파크의 미드필더 호물로도 페널티킥과 떼려야 뗄 수 없는 사이다. 앞서 말했듯이 호물로는 2019년 3월 K리그2 부천FC와의 경기에서 K리그 사상 최초로 '페널티킥 해트트릭'을 달성했으며, 역대 승강 플레이오프에서 나온 두 번의 페널티킥(2017년과 2019년)을 모두 찬 주인공이기도 하다. 호물로가 마지막으로 성공시킨 페널티킥은 2019년 12월 승강 플레이오프 2차전에서 경남FC를 꺾고 부산 아이파크를 승격으로 이끈 결승골이다.

페널티킥 선방률이 무려 50퍼센트가 넘는 선수가 있다. 바로

K리그가 국산 축구공을
사용하던 시절부터 선수
생활을 시작해 '백발백중'
페널티킥 성공률을 기록한
노상래. **사진** 한국일보

FC서울의 수문장 유상훈이다. 2019년 말 기준 유상훈은 총 15번
의 페널티킥 중 8번을 막아내며 53.5퍼센트의 선방률을 보였다.
유상훈 다음으로 선방률이 높은 전상욱과 김승규가 36.8퍼센트
(각각 19회 중 7회)인 것을 감안했을 때, 유상훈의 수치는 타의 추
종을 불허한다. 유상훈의 페널티킥 선방 능력은 아시아축구연
맹 챔피언스리그에서도 빛을 발했다. 2014년 시즌 챔피언스리그
8강전에서 1차, 2차전 합계 승부를 보지 못한 FC서울과 포항 스
틸러스는 결국 승부차기까지 갔는데, 이때 유상훈이 3연속으로
신들린 선방을 보이며 3대 0으로 FC서울을 승리로 이끌었다. 한
편 K리그에서 페널티킥 선방 횟수가 가장 많은 골키퍼는 김병지

로, 총 94회 페널티킥 중 22회를 막았다.

K리그는 2013년부터 경기 기록을 좀 더 세분화해 기록하기 시작했는데, 이때부터 페널티킥에 대한 흥미로운 통계를 찾아볼 수 있다. 2013년부터 2019년까지 승강 플레이오프를 포함해, 페널티킥은 총 854회가 나왔다. 전반에 322회, 후반에 532회 나왔다. 페널티킥 사유로는 '핸드볼' 반칙이 전체 중 19.8퍼센트에 해당하는 169회로 가장 많았다. 이어서 페널티 박스 안에서 상대 선수를 걸어 넘어뜨린 '트리핑'이 164회로 뒤를 이었다. 그 밖에 상대 선수를 미는 '푸싱'이 147회, '태클'이 100회, '킥킹'이 46회 있었다.

2013년 이후로 페널티킥 방향도 기록되고 있다. 총 854회 페널티킥 중 성공 횟수는 657회였는데, 이 수치를 공의 방향으로 나누면 왼쪽이 330번, 오른쪽이 236번, 가운데가 91번이다. 86.1퍼센트가 왼쪽 아니면 오른쪽이었는데, 유독 가운데를 선호한 선수들도 있었다. 전남 드래곤즈와 강원FC 등에서 활약한 웨슬리는 페널티킥 총 6개 중 3개를 성공시켰는데 3개 모두 가운데였으며, 실패한 3개 중 2개 역시 가운데를 노렸다. 6개 중 5개를 가운데로 찬 셈이다. 또 2008년 시즌 부산 아이파크에서 데뷔한 후 2019년까지 통산 190경기를 뛴 강승조는 2013년 이후 총 5개 페널티킥을 모두 성공시켰는데, 가운데가 3개, 왼쪽이 2개였다.

K리그 결승골

1983년부터 2019시즌까지 K리그에서는 총 5778번의 결승골이 나왔다. 전반전에 2206골, 후반전에 3470골, 그리고 현재는 사라진 리그컵의 연장전에서 102골이 터졌다. 전후반 90분을 15분 단위로 나눠보면 후반 30분부터 45분까지의 시간대가 총 1190골(20.6퍼센트)로 가장 많다. 후반 46분 이후 추가 시간에 들어간 결승골도 253골(4.4퍼센트)이나 된다. 경기 종료를 향해가는 후반 막판에 승부를 결정지은 '극장골'이 그만큼 많이 나왔다는 얘기다. 후반 15분부터 30분 사이의 시간대가 1062골(18.4퍼센트), 후반 0분부터 15분 사이가 965골(16.7퍼센트) 등으로 뒤를 이었다.

K리그 통산 최다 득점을 기록한 이동국이 역시 결승골도 많이 넣었다. 이동국이 기록한 228골 중 65골이 결승골이었다. 이동국의 수많은 결승골 중 가장 주목을 받은 골은 2015년 7월 5일 대전월드컵경기장에서 열린 대전 시티즌과 전북 현대모터스 간 경기에서 나온 골이다. 당시 리그 1위를 달리고 있던 전북 현대모터스는 최하위 대전 시티즌을 맞아 의외로 고전했다. 쏟아지던 빗속에서 세 차례 동점이 이어졌고, 3대 3으로 맞선 후반 49분 이동국이 골문 앞 혼전 상황에서 오른발로 골을 성공시키며 승부에 마침표를 찍었다. 이동국의 뒤를 이어 결승골을 많이 넣은 선수로는 2020년 말 기준 데얀(59골), 김신욱(52골), 정조국과 우성용(각 40골) 등이 있다.

통산 10골 이상 기록한 선수 중에서 득점 대비 결승골 비율이 가장 높은 선수는 여범규다. 여범규는 1986년부터 7시즌간 대우의 미드필더로 뛰면서 141경기에 나와 총 11골을 기록했는데, 이 중 무려 8골(72.7퍼센트)이 팀 승리로 연결됐다. 현역 선수 중에 서는 성남FC에서 뛰는 서보민의 결승골 비율이 제일 높다. 서보 민은 통산 19득점 중 12점(63.2퍼센트)을 결승골로 넣었다. 그 외 에 닐손주니어(FC안양, 18득점 중 11골), 정현철(FC서울, 15득점 중 9골) 등도 결승골의 비율이 높은 선수들이다.

패널티킥이 결승골로 연결된 적은 409번 있었다. 그 밖에 수비 수의 몸을 맞고 굴절돼 결승골이 된 적은 아홉 번, 자책골이 결승 골이 된 적은 리그를 통틀어 총 네 번 있었다. 최근의 자책골 결승 골은 2019년 시즌 29라운드 전북 현대모터스와 울산 현대 간 맞 대결 중 후반 4분에 나온 울산 현대 소속 윤영선의 자책골이었다.

또 염기훈이 37개의 결승골 도움으로 가장 앞선다. 신태용(27개) 과 몰리나(26개)가 뒤를 잇는다. 결승골을 가장 많이 넣은 이동국은 결승골 도움도 22개나 기록했다. 한편 직접 프리킥으로 결승골을 가장 많이 기록한 선수는 7골을 터뜨린 이천수와 에닝요다. 염기훈, 고종수, 레오나르도가 4골로 뒤를 잇는다.

K리그 직접 프리킥

K리그를 통틀어 2019년까지 나온 골 중 프리킥 상황에서 키커 가 직접 골문을 노려 득점에 성공한 횟수는 모두 706번이다. 전체 득점 대비 3.4퍼센트의 비중으로 직접 프리킥 골이 나온 셈이다. 직접 프리킥 골이 가장 많이 나온 시즌은 오르샤(전남 드래곤즈),

'왼발의 달인' 염기훈은 17골로 현재 프리킥 득점 공동 선두에 올라 있다. 2020년 7월 4일 수원월드컵경기장에서 열린 수원 삼성과 FC서울 간의 경기에서 뛰는 모습. **사진** 한국프로축구연맹

염기훈(수원 삼성), 제파로프(울산 현대) 등이 3골씩 기록하며 총 50골이 터진 2015년 시즌이다. 시즌 득점 대비 직접 프리킥 골 비율이 가장 높았던 시즌은 2006년이었다. 총 608골 중 41골(6.7퍼센트)이 직접 프리킥에 의해 나왔으며, 당시 뽀뽀(대전 시티즌)가 7골, 김형범(전북 현대모터스)이 4골로 프리킥의 묘미를 보여줬다.

수원 삼성의 염기훈은 2019년 시즌 33라운드에서 FC서울을 상대로 프리킥 골을 넣으며 K리그 통산 '프리킥 득점 공동 선두'(17골)에 올랐다. '왼발의 달인'이라는 별칭답게 17골 모두 왼발에서 나왔다. 2008년 첫 프리킥 골을 시작으로 차곡차곡 프리킥 득점을 올린 염기훈은 현재 K리그를 대표하는 '프리킥 스페셜리스트'다. 왼발에 염기훈이 있다면 오른발은 에닝요(전북 현대모터스)가 있다. 에닝요 역시 통산 프리킥 득점 17골로 염기훈과 함께 공동 선두다. 에닝요는 2007시즌부터 2012시즌까지 6시즌 동안 빠짐없이 프리킥 골을 기록한 바 있다. 그 밖에 김형범이 14골, '프리킥 마술사' 이천수가 12골, 그리고 신태용과 고종수가 10골을 기록했다.

후반 추가 시간에 나온 직접 프리킥 골은 모두 33골이다. 이 중 팀에 승리를 안긴 축구판 '버저비터'는 총 8번 터졌다. 최근엔 2019년 4월 상주 상무와 제주 유나이티드 간 9라운드 경기에서 나왔다. 2대 2로 맞선 후반 추가 시간에 윤빛가람이 패널티 아크 부근에서 따낸 프리킥을 오른발로 성공시키며 상주 상무에 3대 2 승리를 안겼다. 한편 인상 깊었던 프리킥 극장골은 2003년 11월 리그 마지막 경기인 수원 삼성과 대구FC 간 경기에서 나왔다. 1대 1로 맞선 후반 49분, 전광판의 시계마저 멈춘 그때 수원 삼성은 프리킥 기회를 얻었고, 김두현이 키커로 나서 대구FC의 골망을 갈랐다. 승점 3점을 추가한 수원 삼성은 72점으로 전남 드래곤즈(71점)를 따돌리고 최종 순위 3위를 지켜낼 수 있었다.

K리그를 읽는 시간 2
우리 곁의 스타들

1판 1쇄 펴냄 2021년 4월 17일

지은이 김형준, 오지혜
펴낸이 임후성 **펴낸곳** 북콤마
디자인 *sangsoo* **편집** 김삼수

등록 제406-2012-000090호
주소 (413-756) 경기도 파주시 문발동 파주출판단지 534-2 201호
전화 031-955-1650 **팩스** 0505-300-2750
이메일 bookcomma@naver.com
블로그 bookcomma.tistory.com

ISBN 979-11-87572-30-5 04690
      979-11-87572-29-9 (세트)

, BOOKcomma